稼げる講師、稼げない講師

どこが違うか

What is the difference between
a rich teacher and a poor teacher?

五十嵐康雄
IGARASHI YASUO

あさ出版

本書は、次のような人のために書きました

・いつか講師になりたいと思っている人

・好きな仕事を増やして稼いでいきたい講師

・セカンドキャリアや副業として、講師をしたい人

はじめに

いま、講師の世界は二極化が進んでいます。

稼げる講師は、ますますお声がかかり、場合によってはお断りせざるを得ない状態になっています。

一方、稼げない講師は、講師料を安くしてもなかなかお声がかからず、必死に売り込んでも、かえって足元を見られて仕事がもらえない状態になってきています。

プロ講師として、自分らしく働いて食べていける講師と、そうでない講師が、はっきりと分かれつつあるのです。

「稼げる」とは、単に大金を手に入れるということではありません。

「稼げる」とは、**継続的に仕事の依頼をされること**です。

単発で大きな仕事を依頼されても、次につながらなければ意味はないのです。

講師の仕事は、長く続けていれば売れる、稼ぎ続けるようになるものではありません。短期間で一気に売れたものの、その後、消えていく講師もいます。

私はこれまでさまざまなジャンルの講師の方々とお会いして、働きぶりを見て、お話を聞いてきました。

稼げている講師の方たちは、**独自のコンテンツやノウハウがあるだけではなく、〝ちょっとしたところ〟で共通する点が多い**ことに気づきました。

何気ない言葉かけ、思考のクセなど、どれも簡単で、誰にでもできる身近なことです。ところが、稼げない講師は、共通してこれらのことをしていませんでした。ちょっとした違いの積み重ねが、大きな差になって現れていたのです。

この本では、その共通点・違いを「習慣」としてまとめ、紹介しています。

本書を手にとってくださった人の中には、学歴が高かったり、会社での経験、知識、実績、あるいは人生経験がとても豊富だったりする人も多いかもしれません。

しかし、これらは、講師としては、〝あったほうがよい〟レベルにすぎません。

稼げる講師になるためには、何も**特別な知識や、特別な才能、華々しい学歴や実績、ずば抜けたコミュニケーション能力が必要なわけでもない**ことを、現実は証明しています。

むしろ、もともと**人前で話すのが苦手な人やコンプレックスがある人、さまざまな挫折や失敗をしてきた人**こそ、講師として実際に稼ぎ続けています。なぜなら、それらの経験が受講者の共感を得る時の、講師としての**〝リソース〟**になるからです。

さて、本文に入る前に、私について少しお話しさせてください。

私はもともと人見知りで、人前で話す講師業に向いていると言えるような人間ではありませんでした。

ところが、社会人になりたての頃に受けた社内研修に衝撃を受け、さまざまな研修、セミナーを受講し、トレーニングを重ねたことで、いまでは人前で話すことができるようになりました（昔を知っている人には、かなり驚かれましたが）。

そして、自分も研修講師として人の役立ちたいと考え、ベンチャー系コンサル会社、外資系人材ビジネス会社を経て、研修会社を立ち上げました。

気づけば、研修依頼は年間２００日、受講者は7万人を超え、２０２０年8月にはプロの講師として15年目を迎えます。


私は、成功している講師から考え方やノウハウを学び、自分なりに工夫を積み重ねてきたからこそ、いまの自分があると思っています。

この本では、**「営業」「準備」「本番」など、講師の仕事をするうえで必要なことをトータルに押さえつつ、それぞれ具体的にポイントをお伝えしています。**


講師とは、人が成長、変化するお手伝いができる、とてもやりがいのある仕事です。

自分の持っているノウハウ、経験などを伝え、学びの場を提供することで誰よりも自分が学び、成長できる仕事でもあります。

自分の強み、能力、経験、弱みさえもリソースにして生かせる、まさに、〝自分のぜんぶ〟を使ってできるのが講師の仕事なのです。

そんな魅力的な仕事を心から楽しみ、プロとして安定して生計を立てていける人が

1人でも増えたら、こんなにうれしいことはありません。
本書が、あなたの講師としての成功の一助となることを願っています。

2019年11月

五十嵐康雄

第2章 リピートされる講師がしている営業方法

第3章

稼げる講師がやっている研修・セミナーの準備

第4章

稼げる講師が研修・セミナー中に気をつけていること

第5章

ずっと必要とされる講師であるためにしていること

編集協力：鍋嶋純
校閲：槇一八

第1章

仕事を
絶やさないための
「講師のあり方」

01

稼げる講師は、世に必要とされて講師となり、
稼げない講師は、「自分はやれる」の思い込みで講師となる

いま、セカンドキャリアや副業として、これまでの経験や知識、ノウハウを伝えて生計を立てたい、世の中の役に立ちたい、と考えて講師を目指す人が増えています。

ところが、講師の仕事を始めてみたものの、うまくいかない人が多いようです。

実際、講師となって数年活動している方からも、「講師1本で食べていけるほどには稼ぐことができていないんですけど、どうしたらいいですか？」と相談される機会も少なくありません。

経験や知識もあるのに、どうして食べていけないのだろう？　と疑問に思う方もいるかもしれません。

でも、これが現実なのです。

実はこうした悩みを抱えている人の多くが、大きな勘違いをしています。

研修講師やセミナー講師は「なりたい」と思ってなれるものではなく、**誰かから「必要とされて」こそ、なれるもの**なのです。

自分にはさまざまな経験やキャリアがあるから、そこで培った専門的な知識を他人に伝えたい。これらは絶対に多くの人の役に立つし、きっと食べていける仕事になるはずだ。講師を目指す人はよくこう考えます。

たしかに、専門的な知識や経験は大切で、強みになります。けれども、それだけではプロ講師1本で食べていくことはできません。

なぜなら、**「あなたの話を聞きたい」と思ってくれる人がいて、はじめて仕事として成り立つ**からです。

つまり、順番が逆なのです。

ある有名な講師は、元ヤンキーで最終学歴が高校卒業という経歴ですが、高校時代にアルバイト先で学んだことをメルマガで発信していたところ、その内容を研修で話してほしいと依頼を受け、講師デビューしました。

その後、評判が広がり、今では毎年全国250ヶ所超、行政、大企業、教育機関などを回る人気講師となっています。

彼は、「こんな自分が講師の仕事をすることになるなんて思ってもみなかった。でも、自分の経験が人のお役に立てるなら、こんなありがたいことはない」と話していました。


世の中から必要とされ、稼げる講師になるためには、2つの要素が不可欠です。

①自分が持っている情報＋②世の中の人が求めること＝講師が伝えるべきこと

①と②の2つが組み合わさってはじめて、講師は世の中から必要とされる存在になることができます。
稼げない講師は、①だけで講師としてやっていけると勘違いしているものです。

「世の中を良くしたい」「人の役に立つ情報を伝えたい」――その「思い」や、「志」は尊いものです。そして、「誰かの役に立ちたい」という気持ちなくしては講師の仕事は勤まりません。

あなたの伝えたいことが、世の中の誰かが求める情報でなくては、必要のないことを押しつけるだけの一方通行の話になってしまいます。

講師は「言いたいことを言う」仕事ではなく、**「求められる情報を伝え、学びを提供する」仕事**なのです。

成功のポイント

「どんな情報や価値を提供できるか」という視点を持とう。

02

稼げる講師は、**徹底して自分らしくあろうとし、**
稼げない講師は、**誰かの理想の姿を演じる**

人は、誰でも〝カッコいい自分〟になりたいものです。

たとえば、箱田忠昭先生というカリスマ講師がいます。研修やセミナーの内容がすばらしいだけでなく、鎌倉に住んでいて、サーフィンが趣味で、ライフスタイルそのものがとてもカッコいい。会社員の頃に先生の研修を受け、そのオーラのすごさ、話し方や生き方含めて、「こんなふうになりたいな」と思ってしまったものです。

でも、誰もが箱田先生のようになれるわけではありません。

もちろん、私もです。

自分は自分にしかなれません。

言い換えると、他人はあなたにはなれません。

つまり、**あなたがこれまで生きてきた時間の中で学び、経験し、考え、気づいてきたことは、あなたしか持っていない「強み」**であり、まさにそれが、**〝あなたが講師でなければならない理由〟**になるのです。

私が講師の道を志したきっかけは、故・津田妙子先生との出会いでした。彼女が講師になったのは40歳を過ぎてからで、それまでは長く専業主婦をされていたようです。講師デビュー後ほどなくして、女性ナンバーワン講師と呼ばれるようになった彼女は、ひたすら「ありのままの自分」で受講生に向き合い、話をしていました。

そのため、話す内容に矛盾がなく、説得力があり、その姿はとても魅力的で、エネルギーに満ちていました。研修はつまらないもの、役に立たないものと決めつけていた当時の私の目を覚ましてくれたのです。

稼げない講師は、人気講師のやっていることこそが、稼げるようになるいちばんの近道だと思いがちです。

人気講師のふるまいやライフスタイルなどをそのまま真似することで、知らないうちに誰かの理想を演じ、自分らしさを見失っていきます。

稼げる講師ほど、常に「ありのままの自分」であろうとし、等身大の自分の中から人の役に立つ情報や価値をたくさん見つけ、提供しています。他人の真似をするのではなく、自分と向き合い続ける。そこからカッコよさが生まれるのです。

「あなた」に講師を依頼してもらうには、「あなた」である必要がなければなりません。わざわざ「あなたに講師を依頼したい」と思ってもらえるような存在にならなくてはいけないということです。

「自分には、人に誇れるもの、人の役に立つものなんて何もない」と思う人もいるかもしれません。

しかし、けっしてそんなことはありません。

あなたのこれまでの人生が順風満帆でなく、失敗や挫折に満ちたものであっても、その経験の中には、必ず「人の役に立つ情報」があります。

とはいっても、受講者は講師の「頑張ってきたこと」、一方的な「思い」を聞きたいわけではありません。

「あなた」という1人の人間が知り得てきた情報を、「自分の人生に役立てたい」と思って話を聞いてくださるからです。

誰かの真似をしたり、カッコつけたりする必要はありません。

エリートでなくとも、特別な専門的知識がなくとも、徹底して「自分自身である」ことによって、誰かの役に立つ価値ある存在、講師になることができるのです。

成功のポイント

誰かの真似をせず、自分らしさを見つけ出そう。

03

稼げる講師は、自分の棚卸しをし、
稼げない講師は、自分の棚卸しをしない

10年ほど前、とあるセミナーで1人の小柄な女性と隣の席になり、名刺交換をしました。名刺には、「近藤麻理恵」と記されていました。そう、「片づけ」でブレイクする前の〝こんまり〟さんだったのです。

当時、彼女はまだ会社員で、著作は出されていなかったのですが、名刺にはすでに「片づけ」について書いてありました。

名刺交換した時、「みんながやっていないことをやろうと思って」と彼女は話してくれました。

興味深く聞いてはいたものの、正直に言うと、当時の私は、「片づけ」と言われても、ピンときませんでした。

ところが翌年に初の著書、『人生がときめく片づけの魔法』（サンマーク出版）が刊

行されるや否や、海外も含めて200万部を超えるベストセラーになりました。その後アメリカにも進出した彼女は、いまや「全米でもっとも有名な日本人」と呼ばれるまでになりました。彼女の活躍に、私が驚いたのは言うまでもありません。

なぜ彼女がこんなにも活躍することができたのか。

それは、こんまりさんが、自分の好きな分野を徹底的に掘り下げ、人のためになる**「情報的価値」**を見つけたからです。

彼女は幼い頃から片づけや整理整頓などの家事が好きだったといいます。片づけはどんなにやっても、また散らかってしまいます。そこで、彼女は試行錯誤を繰り返し、片づけで本当に大切なのは、捨てることではなく、「残すものを選ぶこと」だと気づきます。

その理論を確立してから、彼女の片づけの方法は評判を呼び、やがて人から仕事として依頼されるようになりました。

彼女は自分の好きなことに「情報的価値」を見出し、キャリアを徹底的に棚卸ししたからこそ、片づけが人々の役に立つと確信したのでしょう。

稼げる講師は、適宜自分自身のキャリアの棚卸しをしています。

こんまりさんがアメリカでも成功し続けているのは、**「自分の武器」を自覚し、それを活かしているからです**。「片づけ」を相手に合わせてアレンジすることで、アメリカの人々の心を打つようなオンリーワンの価値を伝える存在にまでなったのです。

キャリアの棚卸しを行ういちばんの目的は、自分の原点を知ることです。**自分の原点に立ち戻ると、「いま」何をすべきかが見えてきます**。

稼げない講師は、みな**自分自身のキャリアの棚卸しがしっかりとできていません**。「自分の本当の武器」が何であるのかを正しく認識できていないため、なんとなくこれまで関わってきた専門の分野を強みだと決めつけて、講師業をやろうとします。そのため、なかなかうまくいかないのです。

本書の巻末（220〜225ページ）に「キャリアの棚卸しチャート」を掲載して

います。記入欄を埋めると棚卸しができるので、ぜひ、チャレンジしてみてください。自分の人生を時系列で振り返り、何をしてきたのか、何があったのか、そしてそれらからどんな影響を受けて、どう乗り越えてきたのか？時代背景も含めて書き込んでください。すると、自分の長所や短所、キャリア、実績などが客観的に見え、さらには自分の原点も見えてきます。

キャリアの棚卸しは1回やって終わりではありません。講師のあり方に迷った時や、時間ができた時、新しい可能性を探したい時に何度も見直し、気づきを書き加えていきましょう。

講師としての自分自身をより深く知るためには、主催者や受講者などからどんなふうに見られているのか、研修のあとに受講者にアンケートをとりフィードバックを得るのも大切です。身近な存在、友だちや家族、会社の同僚にいまの自分はどういうふうに見えているのか、聞いてみるのもいいでしょう。

成功のポイント

キャリアの棚卸しで、講師としての自分の原点・強みが見えてくる。

04

稼げる講師は、キャリアが活かせる資格を取り、稼げない講師は、手当たり次第に資格を取る

講師として活躍するには、まずは自分の強みを自覚し、さらにそれを武器として使えるようにしていく必要があります。

ただし、人が求めるものは時代の流れとともに変わります。過去の自分の実績にあぐらをかいていると、いつの間にか時代遅れになるので注意が必要です。

たとえば、クレーム対応の研修です。

いまから10年くらい前は、クレーマーの対応は「傾聴」一辺倒でした。

ところが最近は、悪質なクレーマーが増え、「傾聴」だけでは問題が解決されないことも多いので、実際に使える具体的な解決策を求められます。

講師が10年前にクレーム対応の資格を取っていたとしても、その分野の知識を深め

ていなければ、当然、質問に対して答えられません。すると、リピートされる可能性はなくなるのです。

講師になる前、旅行代理店や外資系の企業で営業をしていた私は、現在その経験を活かしてキャリアコンサルタントの仕事もしています。

時の流れに合わせて、NLPやストレングスコーチの資格をはじめ、自分の武器を強化するうえで必要だと思う資格を、テーマを持って取得してきました。講師としての引き出しを増やすことはもちろん、これまでの経験を効果的に伝えるためにも、「伝え方を進化させる」必要があるからです。

活躍している講師の中に、日本で唯一の総合スクールNLP - JAPANラーニング・センターの代表を務める芝健太先生という方がいます。

「NLP」とは、Neuro-Linguistic Programming（神経言語プログラミング）の略で、別名「脳の取扱説明書」とも呼ばれる心理学です。

芝先生は、24歳の時にフリーターから会社員になり、自信のない自分を変えるために、自己啓発やビジネスセミナーに通いました。その中で、人生を楽しんでいる人やビジネスで高い結果を残している人たちは、共通して人の心の動きをよく理解していることに気がつき、NLPの資格を取ります。

そして、NLPの技術を使って、業績の落ちていた弱小事業部門の売り上げを2年で累計47・5億にまで伸ばし、実績が認められて最年少で取締役になりました。

その後独立起業し、さらにNLPの分野を学び続けて、現在は複数の会社を経営しながら、一般財団法人日本教育推進財団の代表理事もされています。

芝先生が、このような活躍ができたのは、NLPという原点・強みの〝幹〟があり、その分野を深める資格の勉強をし続けたからです。

稼げない講師には、手当たり次第に資格を取ってしまう人もたくさんいます。しかし、**手当たり次第に資格を取っていくのでは、キャリアを深めていくことはできません**。

資格は自分の強みを磨き、武器にするために取るものだからです。

流行り物に飛びついてあれこれ勉強しても、「この人は何を教えている人なのだろう?」と思われ、不信感を抱かれては元も子もありません。

自分の原点・強みを〝幹〟として、そこに枝葉を伸ばすために必要な資格を取得する。そうすることで、世の中の変化にも対応ができるうえに、講師としての深みも増します。

自分の武器を見極め、その延長線上にある資格を取り学び続けていく――この方法がいちばん効率的です。

講師として、時代の流れとともに、教える内容に深みを出す努力をし続けていきましょう。

成功のポイント

自分を武器として使えるように更新し続ける。

05

稼げる講師は、「答え」にたどり着くプロセスを話し、
稼げない講師は、「答え」だけを教える

講師に求められているのは、専門的知識や答えを教えることではありません。ネットがこれだけ普及している現在、ありとあらゆる情報が検索すれば出てきますし、「答え」を知ることは誰でも簡単にできます。

講師に求められているのは、正しい「答え」以上に、答えにたどり着くプロセスである**「現実（リアル）」に基づいた体験談――生きた情報**なのです。

私の講師としてのフィールドは、主に官公庁・自治体、企業研修です。

たとえば、営業マン向けの基礎研修の場合、私はまず、次のような自分の失敗談を話します。

昔、営業の仕事をしていた頃、「クレームで謝罪にうかがう時には、菓子折りを持っ

てお詫びに行くように」と研修で教わりました。

ある時、電話でクレームを受けた私は、「いまからすぐにうかがいます」とすぐに電話を切って、教わったとおりに菓子折りを買って駆けつけました。そして応接室に案内されるなり、「この度は申し訳ありませんでした。つまらない物ですが」と菓子折りを差し出したのです。すると、お客様から、「バカ野郎！　何を考えているんだ！」と怒鳴られてしまいました。私からすると研修で習った通りにやったと思ったのに、あれれ？　です。


ここまで話したうえで「私の何がいけなかったと思いますか？」と受講者に聞きます。受講者は、みんな「？」という顔をします。

実は、クレームに対するお詫びの菓子折りは、いきなり渡してはいけないのです。いきなり渡すと、相手に有無を言わさず「今回の件は、これでおさめてください」と言っているようなもので、軽薄な印象を相手に与えてしまうからです。

お客様の話を丁寧に聞いて、問題が解決したあとに、はじめて「この度は、ご不快な思いをさせたうえに、お手間も時間もかけさせてしまい、大変申し訳ございませんでした。つきましては、せめてものお詫びのしるしに」と言って渡すのが正解なのです。

若い頃の無知な私は、講師の言った通り、マニュアル通りにやればいいのだ、と思い込み、大失敗をしてしまったのでした。

このようなリアルな体験談は、受講者にとっては知らざる情報であり、これを知ることで受講者は、なぜ学ぶ必要があるかを納得できるのです。

稼げない講師には、営業の仕方やコンテンツなどの「するべきこと」、つまり「答え」を伝えることに精一杯で、中にはテキストの読み上げに終始してしまう人もいます。

たとえば、ビジネスマナーにおいて「敬礼のお辞儀の角度は30度です」は、正しい「答え」です。しかし、これを研修の場で伝えても、受講者からすると「お辞儀の角度なんてテキストに書いてあるし、とっくに知っている」としらけてしまいます。

受講者は、自分たちの仕事や実生活をより良くするために、ためになる生きた情報を求めて話を聞きに来るのです。テキストに書いてある答えを聞きに来るのではありません。講師が、**正解や理論に具体的な実体験や、自分の学びを肉付けして伝えることで、受講者の記憶に残り、心に響くのです。**

つまり、あなたがかつて痛い目を見たリアルな実体験が、そのまま人の役に立つ情報となるのです。失敗体験は「学び」が得られるので受講者とも共有しやすく、失敗の経験を持つ講師に対して受講者は親近感をもちます。なお、成功体験は下手をすると単なる自慢話に聞こえるので、話す時は注意しましょう。

過去のミスやトラブルなどを振り返り書き留めておけば、必要な時に、その場に合った話が自然と出てくるようになります。コンテンツにあなたのリアルな体験談を組み込むだけで、リピートされる人気講師に一歩近づくことができるのです。

成功のポイント

自分のリアルな実体験を入れた、生きた情報を届けよう。

06

稼げる講師は、時代のニーズと自分の経験のつながりを探し、
稼げない講師は、時代のニーズに自分を合わせる

講師は、流行に敏感である必要があります。**時代の流れとニーズを読み取ったうえで、人の役に立つ情報・価値を提供するのが講師の仕事だからです**。

たとえば、知り合いに経営者向けのセミナーをして活躍している講師がいます。経営者向けのセミナーといってもその範囲は広く、ライバル講師もたくさんいます。そこで彼は、経営者の中でも、「2代目、3代目」にターゲットを絞り、プログラムを考えました。

いま、日本の中小企業の多くが事業承継の問題に直面し、後継者である2代目、3代目の方は悩みを抱えています。創業者、先代の時とは、時代背景もビジネスの環境も変わり、これまでのやり方では、なかなかうまくいかない。だからといって、いまの自分には先代のような求心力もなく、新しいやり方に変えようにも、なかなか古参

社員に受け入れてもらえないなど。彼はこういった課題に目をつけ、瞬く間に人気講師になりました。

実は、彼には、会社員の頃、2代目社長の下で働いた経験がありました。その時に日常的に起こるさまざまな出来事を見て、聞いて、肌で感じてきたからこそ、こうしたセミナーができたのです。

また、就活のためのセミナーをしている講師で、自分の経験と時代のニーズをリンクさせ、成功を収めている女性もいます。

かつて入社試験の面接対策といえば、志望者がどう答えれば面接官の受けがいいのかを、あらかじめ「答え」として用意し、暗記させておくのが主流でした。

しかし、彼女は心理学を用いて面接に対する受講者の不安に思う気持ちを解消し、メンタルを強化するために「気持ちの切り替え方」や「呼吸法」などを教えることにしました。そうすることで、どんな質問がきても志望者が質問の意図を踏まえて、落ち着いて答えられるようにしたのです。

面接官は、志望者の人となりを見抜きたいわけです。志望者の本音が聞けたほうが、自社に合うかどうかを判断しやすいですし、意図を踏まえた受け答えができる志望者のほうが魅力を感じます。

彼女は、もともと企業の人事部門で働いており、面接官の経験もあります。会社は志望者の人柄や適性を見極めるために面接をし、マニュアル化した受け答えを求めていないのを知っているからこそ、実戦で役立つ面接の受け方を教えられるのです。

一方、時代のニーズを読んでいるのに稼げない講師もいます。そういう人は往々にして、「ニーズがあるなら」と流行り物に何でも飛びついてしまいます。しかし、自分の経験や実績などとリンクしないものに飛びついても、うまくいきません。

以前、キャビンアテンダントのキャリアがある女性で、ビジネスマナー研修をメインに個人対象のコーチングをしている方がいました。コーチングは競合が多く差別化が難しいからと、当時、注目を集めていたファシリテーションを新たに学んだのです。

ところが彼女は、企業内外でファシリテーターやリーダーの役割を経験したことがありません。そのため、知識は身につけたものの、実体験に基づく具体的な事例を通じて教えることができないことに気づき、別の流行り物に飛びついたものの、またうまくいかず、次第に講師としてのアイデンティティや自信を失い、講師の仕事だけでは生計が立てられなくなってしまったといいます（彼女はその後、自身のキャリアが活かせる方法を模索し、講師として輝きを取り戻しています）。

焦って流行り物に飛びつくことは、「稼げる講師」への近道ではありません。キャリアや経験と結びついていなければ、話に深みが出ないからです。仮に一時、うまくいったとしても、長続きしないでしょう。

ネットやSNSなどで魅力的な情報が無数に飛び交い、スピード感が求められる時代ゆえに、流行に流され、自分の軸を見失ってしまう講師も増えています。

仕事が減ってしまった時は、いま一度、自分の足元を見つめ直しましょう。

成功のポイント

迷ったら、自分のキャリアを見直そう。

07

稼げる講師は、いつまでも謙虚であり、
稼げない講師は、いつのまにか傲慢になる

講師の仕事には、大きな落とし穴があります。

それは、経験を積むうちに、**傲慢《ごうまん》になってしまうこと**です。

講師はその役割から、受講者や研修・セミナー関係者から「先生」と呼ばれます。

誰でも「先生」と呼ばれたら気持ちよくなり、どこの世界でも自分が「先生」の立場だと思い込んでしまうものです。

しかし、講師は、**情報や価値を提供する「先生」の立場であっても、人として上であるわけではありません**。

また、講師を始めるまでに高い評価をされた実績があったからといって、必ずしも講師としても高い評価をされるとも限りません。

以前、某有名企業の役員を定年退職し、講師になった方がいます。

彼は研修での自己紹介で、勤めていた会社での役職や実績について長々と話す癖があり、研修後のアンケートでは、「偉そうだった」という感想が寄せられることがよくありました。そして、次第に声もかからなくなってしまいました。

「会社にいた時は私の話は受けたのに、どうして講師になったら受けが悪いのだろう？」とその方は悩んで、私に相談しに来ました。私は「いまは某会社役員ではなく、1人の講師として話されているからじゃないですか？」と答えました。

彼の過去の実績からくる〝上から目線〟の話し方が、受講者からの印象に影響していたのです。彼はその後、受講者に対する話し方や姿勢を見直し活躍されています。

講師が自己紹介で自分のキャリアや実績を話すのは、話をする資格があると伝える意味では大切です。主催者から講師のプロフィールの紹介がなかった時などは、自己紹介で実績には少し触れておく必要はあります。

ただ、研修やセミナーのテーマ、本題と直接関係のない実績まで話すと、受講者に自慢げで傲慢な印象を与えてしまうので、最小限にとどめておきましょう。

演壇に両手をついたり、腕組みして話したり、受講者を指で指したりするのも、受講者に偉そうな印象を与えるので注意が必要です。受講者に個別に発表してもらったり、質問を受けて答えたりする時などには、「そちらの人」「あなた」などの表現も避けたほうがいいでしょう。


稼げる講師は、どんな実績をあげていても、みな謙虚です。これまでのキャリアと講師としての実力が、必ずしもイコールではないと理解しているのです。

だからこそ、受講者に対する話し方や姿勢には気をつけています。

講師にとって**受講者は「お客様」**であり、講師はあくまで「情報や価値の提供者」です。**サービスを提供する立場で話す必要がある**のです。

研修での第一声は、元気よく挨拶し、来ていただいたお礼、または、会えてうれしい気持ちを一言伝えましょう。その後、「つかみネタ」（１３２ページ）などを挟んでスタートします。

話す時は、敬語を使いつつも、堅苦しくない話し方で受講者との距離感を縮めます。
私の場合は、受講者に発表・質問してもらった時は「お名前をうかがえますか?」と、相手の名前を確認したうえで、「○○さんは……」と、必ず相手の名前を呼んで話します。講義や実習時の説明、コメントをする時などは、自分のことを「ぼく」と呼んで話しますし、休憩中の雑談や講義中などは、職場の同僚に使うくらいの砕けた言葉づかいで冗談を言い、話しやすい雰囲気をつくります。

講師の仕事の依頼が少ない、あるいは、リピートがかからないのであれ、もしかすると、話し方や姿勢が〝上から目線〟になっているからかもしれません。「キャリアの棚卸し」をして、等身大の自分を知る必要があります。
稼げる講師になるためには、「自分は、誰かのために役立ってこその存在である」という初心を忘れないことが大切です。

成功のポイント

元の肩書きやキャリアに驕《おご》らず、謙虚に「情報や価値」を伝えよう。

第2章

リピートされる講師がしている営業方法

01

稼げる講師は、「戦う場所」を先に決め、
稼げない講師は、「戦い方」を先に決める

講師の仕事は、あなたの話を聞いてくれる人がいなくては始めることができません。

営業や集客をかけて、聞いてくれる人が集まる場をつくる必要があります。

稼げる講師になるために、自分のキャリアや得意分野、専門性、能力、適性から、どの分野で戦うかを最初に見定めましょう。「教えることができる範囲」を把握するだけではなく、営業や集客のかけ方も変わってくるからです。

戦う分野（土俵）を決めたら、次に場（場所）を固めましょう。

講師が活躍する場は、大きく分けて2つあります。

「研修」と**「セミナー」**です。この2つは大きく違います。

1 研修

研修は、基本的に**法人や団体の社員・職員を対象に行うもの**です。

クライアントの課題を解決することを主な目的として、そのために必要なこと、たとえばビジネススキルの習得などを目標にしています。

講師は、クライアント側が用意する会場にうかがって研修を実施し、営業をかける先も、**法人や団体の研修担当者**であることがほとんどです。

研修講師は、キャリア上、**BtoB（企業が企業に対してモノやサービスを提供するビジネスモデル）の仕事をしてきた人、法人に人脈がある人**のほうが始めやすいです。

2 セミナー

セミナーは、基本的に**個人のお客様を対象に行う機会が多いもの**です。受講者の課題の解消や目標達成のお手伝いをすることを主な目的として、そのために必要なこと、たとえば講師の経験、知識、専門的なスキルを伝えることを目標にしています。

講師は、レンタルスペースやセミナー会場へ赴いてセミナーを実施します。

セミナー講師は、**ＢtoＣ（企業が消費者に対してモノやサービスを提供するビジネスモデル）の仕事をしてきた人**のほうが始めやすいです。

また、セミナーは、自分が主催する場合とエージェントやプロデューサーが主催、企画する場合などがあります。自分で主催する場合は、**ネットの知識やスキル**がそれなりにあったほうが良いでしょう。**メルマガやブログ、ＹｏｕＴｕｂｅなどを使って集客したほうが効率がいい**からです。

エージェントやプロデューサーが主催するセミナーで講師をするためには、多くの場合間接営業（エージェントに登録するための活動）が必要です。その際は研修・セミナーをそれぞれ単体でしかやっていない会社、エージェント等もあるので、ホームページなどで確認してからアプローチしましょう。

前職でＢtoＢの営業をしていた私は、自分の経験や人脈から考えていちばん戦いやすいと感じた研修講師にターゲットを絞り、企業や自治体などに対して営業活動をスタートしました（ちなみに、どちらのルートから入っても、ほかの分野に進出できます）。勝手知ったる部分もあるので、どうすればいいかが見えてきて、営業方針、つまり「戦い方」が定まり、うまくいくようになっていきました。

稼げない講師は、自分が戦う土俵や場を決めることなく、集客方法や営業方法などの「戦い方」に注力して活動を始めてしまう人が多いものです。

ですが、リアルでの営業、ネットでの集客にかかわらず、ターゲットやペルソナ（商品やサービスを利用するユーザー像）が漠然とした状態でいくら熱心に営業を仕掛けても、相手も戸惑うばかりで発注に至らず、時間と労力、お金を無駄にします。

誰に対して講師をするのかを決めると、すべきことが見えてきます。

ちなみに講師の仕事は、営業の場面でも、その業界での経験が豊かで裏事情を知っているほど、お客様からの信用を得られます。その業界にくわしいからこそ、課題やニーズを発見でき、その分野の経験がない人と比べて、お客様に響く説得力のある話ができるのです。まずはしっかり戦うべき場を見極めましょう。

成功のポイント

ターゲットやペルソナを定め、人脈や経験を活かして営業しよう。

02

稼げる講師は、ハイブリッド型で営業し、
稼げない講師は、サラブレッド型で営業する

「自分は講師になったのであって、営業マンになったわけではない」

「頭を下げるのが嫌いだから講師になったのに……」

このように思う方もいるかもしれませんが、講師業に営業はつきものです。というより、営業をしたほうが成功は早いです。

ターゲット、ペルソナが決まったら、実際に営業を始めましょう。これが、「戦い方」になります。

講師の営業・集客には、基本的に次の2つの方法があります。

1　人脈やネットなどを使って自分で直接、企業や個人にアプローチする

2　講師派遣会社、エージェントに登録して声がかかるのを待つ

稼げる講師は、仕事がくる流れをたくさん持っています。

これから講師を始める方や、いま、営業・集客がうまくいっていない講師は、自分で営業・集客するだけではなく、**講師派遣会社、エージェントに登録**をして、仕事がくる流れを複数つくりましょう。

稼げない講師ほど、自分自身ですべてを管理し活動していきたいからと、手段を1つに絞った営業になりがちです。私はこれを「サラブレッド型」営業と呼んでいます。

人脈や営業力がある人、ネットで集客するノウハウがある人は、自力営業だけでもやっていけるかもしれませんが、軌道にのるまでは、**講師派遣会社やエージェントの力を借りながら、自力でも営業活動をする「ハイブリッド型」のスタイルで行うのがいいでしょう**。

ただし、登録したからといって、仕事がくると保証されるわけではありません。

クライアントの立場からすると、当然、新しく登録したばかりの力量の知れない講師より、すでに実績のある講師の方を選びたくなります。

だから、1社だけでなく、必ず複数の会社に登録しましょう。これで安心できるわけではありませんが、仕事の依頼がくる可能性は高くなります。

登録する講師派遣会社・エージェントは、必ずしも大手がいいというわけでもありません。なぜなら、大手の会社ほど登録講師の人数も多く、仕事が回ってくるのが順番待ちになる可能性があるからです。得意分野と会社のカラーがマッチしているなら、中小の講師派遣会社、エージェントに登録したほうが、仕事の依頼がくる可能性が高いこともあります。

また、**営業活動にあたって、講師としてのホームページはつくっておいたほうがいいでしょう**。ブログやフェイスブックなど、何らかのウェブ媒体は持っておいてください。

とりわけ、法人、企業相手の仕事をする場合は、あなたが個人事業主でも、個人アカウントのSNSがあるだけよりも、ホームページを持っていたほうが信用されます。クライアントがあなたがどんな人なのかを知るために調べるからです。大きな組織と付き合う場合は、あなたが有名人でない限り、ホームページは必須だと考えてください。

人と話すのが苦手で、文章を書くことが得意な人はネットを使った営業も可能です。魅力的なキャッチコピーを考え、自分のコンテンツをメルマガなどで配信し、集客できる時代です。

数年前から、スキルシェアサービスを扱う会社も増えてきているので、その会社のプラットホーム上で集客をかけることもできます。

はじめのうちは、あなたという講師がこの世にいることを知ってもらうためにも、仕事が入ってくる流れを増やしておきましょう。

成功のポイント

講師派遣会社、エージェントに登録をして、仕事がくる流れを増やそう。

講師の主な営業・集客活動のパターン

講師としての、営業活動の流れを紹介します。

紹介しているのは研修のケースですが、セミナーでも共通する部分があるので参考にしてください。

【1】 人脈をたどる

- 知人・友人など、人づてに研修担当者を紹介してもらう
- 前職で営業経験などがある人は、その人脈を活かす　など

※前職が研修会社など同業の場合は、競業避止義務違反などにならないよう、前職の競業避止義務の範囲を確認しておくことが必要

【2】 DM（ダイレクトメール）を送る

- ネットや電話などで企業の「研修担当部門・担当者名」を調べて、資料を郵送。または、メールで送付する
- DM業者にターゲットを伝えて、資料を送付してもらう　など

3 電話、または飛び込みセールスをする

- ホームページなどで企業の「研修担当部門」を調べて訪問する。または電話でアポイントをとり訪問する
- 地方出張の際は、研修先近辺の企業などに電話でアプローチし、アポイントをとり訪問する
- DMが相手に到着した頃を見計らい、電話でセールスをする　など

4 エージェント等に登録をする

- インターネットで講師募集中の研修会社、セミナー会社を検索し、メール・電話でアプローチする
- 講師の知人から研修・セミナー会社を紹介してもらい、アプローチする
- 生涯学習センターの求人募集があれば、エントリーする　など

5 ネットで集客する

- 自社のホームページ・フェイスブック・ブログ、YouTubeなどで情報発信してメルマガに誘導して集客する
- スキルシェアサービス（「ストアカ」など）のサイトに登録をして集客する　など

03

稼げる講師は、はじめは実績づくりにこだわり、
稼げない講師は、はじめはブランドづくりにこだわる

講師の世界は、よほど突き抜けたコンテンツを持っていない限り、実績がモノを言います。

最初の1、2年は、講師料が安かったり、やりたいテーマではなかったりしても、できるだけ多くの仕事を受けて経験を積み、講師としての実績をつくることをオススメします。

稼げない講師は、「自分を安売りしてはいけない」と考えて、最初から講師料にこだわるあまり、講師としての経験を積むチャンスの芽を自ら摘んでしまいます。

しかし、実績がないと、役立つ情報、伝えたいことがあっても活躍の場がありません。

コンペでお客様が講師を選ぶ場合、こちらがあらかじめお客様に送っている講師プ

ロフィールを見ます。プロフィールの中には、たいてい講師歴と実績などを書く欄があるはずです。

あなたなら、「講師歴10年で登壇実績が50回の人」と、「講師歴3年で登壇実績が150回の人」とでは、どちらに頼みたいでしょうか？　プロフィールだけ見れば、当然、「3年で登壇実績が150回の人」を選びますよね。短期間でもそれだけ多くの実績があるのは、きっと何か魅力がある講師に違いないと判断する。それが人の常だからです。

コンテンツそのものだけでは差別化しにくい場合は、**実績や講師料などが大きな判断基準になる**ことが多いです。実績は、多いほうが信頼されやすいのです。

また、実績が少ない、場数をこなしていないともう1つ、別の問題が出てくることがあります。

それは、**講師としての経験が少ないと、実際に依頼されたとしても求心力のある講義をするのが難しい**、ということです。どんなに博識で優秀な人でもです。

講師は、研修・セミナー中はその場のリーダーになります。講師の指示によって、みんなが動きます。上手にその場をまとめるには、やはり経験がモノを言います。受講者が何か問題を起こしたり、ネガティブな反応をしたりした時に、場慣れしていないと対応できないこともあります。すると受講者や主催者から「この人、大丈夫かな？」と思われて信頼を勝ち取ることができず、仕事が増えていきません。

はじめのうちは、自分がやりたいものとは違う内容のものや、講師料の安い依頼がくるかもしれません。やりたいことと大きくかけ離れた内容のもの、できないものは、無理してやる必要はありませんが、何ごとも経験です。自分自身の将来への布石として、はじめは選り好みせずに実績をつくったほうがいいでしょう。

講師料が安い仕事を引き受けてしまうと、講師としての格・ブランドが低くなってしまうと思うかもしれませんが、そもそも実績のない状態で理想のブランドが成り立つわけがありません。経験を積むごとに交渉すればいいだけです。

とりわけ、**社会的信用がある行政機関や大きな企業の仕事は、講師料にこだわらず**

受けるべきです。その実績が大きな信用となって、ほかの団体への営業活動に威力を発揮します。

講師を始めたばかりの方や仕事がなかなか増えない方は、まずは、仕事を幅広く引き受けていきましょう。そこで結果を出せば、いい仕事もくるようになりますし、思ってもみなかった新しいジャンルへの適性が見えてくることもあります。

以前、知人でパソコン研修の講師をしていた女性講師は、主催者からの依頼で、デジタルプレゼンテーションの研修を行ったところ、入念に事前準備をしたこともあって受講者の評判が高く、その流れでデジタルを用いないプレゼンテーション研修や、話し方研修まで依頼がくるようになりました。

新しいジャンルも含め、自分の可能性はできるだけ閉じないほうが、長い目で見た時、講師の仕事の幅が広がり、深みのある内容を提供できるようになるものです。

成功のポイント

はじめは、いろんな仕事を引き受けて実績をつくろう。

04

稼げる講師は、**セルフイメージを優先し、**
稼げない講師は、**収入を優先する**

稼げる講師は、〝このジャンルといえばあの人〟といわれるオンリーワンのポジションを確立しています。オンリーワンになれば、「この人に頼めば大丈夫。安心だ」となり、さまざまなところからお声がかかりますし、セミナーをするとなると、あちらこちらから受講者が集まります。

つまり、セルフイメージがしっかりしているのです。

講師になって最初の1、2年間は実績や経験をできるだけ積み、自分の可能性や適性を知るために「求められたら何でもやる」くらいの姿勢が必要なのは、先ほどお伝えした通りです。

しかし、ある程度**軌道に乗ってきたら、自分がやりたい分野の仕事を優先的に引き**

受け、セルフイメージをつくるべくシフトしていきましょう。

この段階に入ってきたら、向いていないと思うジャンルは、多少講師料がよくても断る勇気も必要です。

専門でない分野は、どうしても浅いところまでしか教えられませんから、受講者も心からの満足が得られず、結果として評価も良くなりません。「何でもできる人」と思われるのは、逆に、「何の専門分野も持たない人」と、マイナスに思われるリスクがあるのです。

稼げない講師は収入を優先するあまりセルフイメージが定まらず、いつのまにか何でも屋になっています。

何でもできることも売りになるのでは？　と言われることもありますが、幅広い分野の知識、情報をインプットするにあたり、1つひとつを深めるのは大変です。その結果、受講者の心に響く内容、話を残せないため、「名のない講師」になってしまいます。

何かのジャンルでトップの講師を目指すなら、専門分野を持ち進むべき方向を決めましょう。

その方向で成功した時のセルフイメージをつくり、目指すのです。

たとえば、女性だけをターゲットにしてセミナーをしている女性の講師がいます。女性の悩みや、課題の解決を目的とした彼女のセミナーには、男性は参加できません。ターゲットが女性だけだと顧客層が狭い分損をするのでは、という考え方もありますが、これもまた1つの売りになるのです。

実際、彼女はそのジャンルで〝女性の悩みに強い女性講師〟というセルフイメージをつくることに成功しています。

「●●の講師といえば、○○さん」というイメージを持ってもらうためには、ホームページをつくるにしても、ブログを書くにしても、自分が決めたセルフイメージやキャラに一貫性をもたせていくといいでしょう。

私のセルフイメージは、いつも爽やか、前向きでエネルギッシュということから、お客様には、服装、髪型、話し方に一貫性を感じていただくために、それにふさわしい立ち居ふるまいをしています。

講師の仕事を長く続けるうえで何より大事なのは、自分が講師として目指す〝セルフイメージ〟を壊さないことです。「自分は何のためにやっているのか?」「自分はこの方向でやる」という志、方向性を忘れないことです。

講師としての適性を見極めたら、そこからは自分がやりたい仕事、向いている仕事をどんどん引き受けましょう。

成功のポイント

「何でもできる人」は、「何もできない人」になりかねない。

05

稼げる講師は、
価値を認めてくれるお客様と付き合い、
稼げない講師は、
すべてのお客様と平等に付き合う

現実的な話をすると、講師の仕事は単発よりも**継続的に仕事があって、安定して稼ぎ続けられるほうが圧倒的に強いです**。

たとえばある年、A社の仕事で年間1000万円稼いでも、翌年以降、A社から仕事がこなければ、A社からの生涯売上は1000万円どまりです。

一方、B社の仕事で年間150万円稼ぎ、その後も同じ仕事を毎年、継続して依頼をいただければ、10年後には、1500万円の売上になります。税金も含めて考えると、150万円の仕事が10年間続くB社のほうが、手元に多くのキャッシュが残るのでありがたいですよね。

生涯売上、生涯利益の観点から考えると、単年度で大きな売り上げの仕事の依頼をいただくより、**複数年にわたって継続的に仕事の依頼をいただける顧客をもったほう**

が経営的には安定し、トータルでいただく金額も大きくなる可能性があるのです。

講師は、頼まれた仕事すべてを、平等に引き受けなければいけないわけではありません。常連様と同じ内容の仕事を、新規のお客様から安い値段で引き受けてしまうと、公平性に欠けますし、不義理になってしまいます。常連様への配慮も考えて、時には断ることも大切です。

しかし、新規のお客様で1回あたりの講師料が多少安くても、将来的に何か大きな展望が開ける可能性があるなら、生涯売上、生涯利益の観点から引き受けるのもありでしょう。

研修会社を立ちあげた頃、私はとある官庁の研修の仕事を3年ほど引き受けていました。正直なところ、自分の得意分野でないうえに講師料は高いわけではなかったのですが、当時、まだ自分が30代で講師としては年齢が若く、実績を積めることがありがたかったので引き受け続けていたのです。

しかしその後、自分の講師像を絞ってからは、方向性が合わないその仕事を知人の講師にゆずりました。自分の方針に合った仕事が増え、受ける必要がなくなったからです。

振り返ってみると、若く、そして講師としての経験年数が浅いうちに公的機関の仕事で実績をつくれたことは、いい選択でした。この経験があったことで、私の社会的信用度が増し、その実績をもとにほかの仕事につなげることができたからです。

そういう意味で、経験や実績が浅い講師が仕事を選ぶ際には、**講師料だけでなく、将来的展望も含めて多面的に仕事を引き受ける必要があるのです**。

稼げない講師は、すべてのお客様と平等に付き合わなければ、という意識が強いあまり、優良なお客様の見極めができておらず、満足度を上げることへの意識が薄れてしまいがちであることが少なくありません。

毎年1000万円の仕事をくれるお客様がいたら、プロの講師にとっては大事なお得意様です。「単発で100万円の仕事」と「年間1000万円（月1回）の仕事」が重なったら、単価が安くても、やはり後者の継続的に依頼をいただけるお得意様の仕事を優先するべきでしょう。

ちなみに、講師にとって年間を通して安定した仕事があるのは、メンタル面でもプラスの影響があります。メンタルの安定は、イキイキ、ハツラツとしたパフォーマンスにもつながり、あなたの講師としての評判も高まります。

講師は、**自分の価値を認めてくれるお客様といい関係を築き、継続したお付き合いをするべき**であり、そのためにも、お客様をより深く知る必要があります。

講師とお客様は、対等な関係です。

だからこそ、あなたの価値を高く見積もってくれるお客様との付き合いを深めるのは、プロとして当然だととらえましょう。

成功のポイント

自分の価値を認めてくれるお客様を優先して付き合おう。

06

稼げる講師は、数年ごとに講師料を見直し、
稼げない講師は、お客様の提示金額に合わせる

最近、講師料について相談を受けることが増えてきました。

お客様に講師料の交渉をすると、「面倒くさい講師だと思われて、仕事がこなくなるのではないか？」と不安に感じて切り出せないというのです。

中には、10年も同じ金額、講師として駆け出しの頃に引き受けた金額でずっと依頼を受け続けている人もいます。

でも、よく考えてみてください。会社員でも資格を取ったり、役職が上がったりしたら、給料は上がりますよね？

講師料は、あなたの講師としての価値の対価です。経験を積み、学びを重ねて、あなたの講師としてのレベルが上がっているのなら、当然、講師料も上がるべきです。

ですから、**講師料の交渉は決して悪いことではありません**。これ以上この金額で引き

受けることはできないと判断したら、潔く、仕事を断わる選択もあります。

私は、定期的にお客様と講師料の交渉をします。

講師料の交渉は、うまくいくこともありますが、決裂することもあります。最初から決裂した場合のことも考えて交渉を行いましょう。

この仕事を引き受け続けるのであれば、次年度以降、金額以外の条件、たとえば、回数、人数、時間、内容などの面から交渉して、落としどころを探ります。


具体的には、次のように切り出します。

「いつもやりがいのある仕事をご依頼いただきありがとうございます。

実は、ご相談があります。○○の研修は、○年継続してご依頼いただいております。その間、私の経験、ノウハウも上がっておりますので、ほかのお客様には、昨年度より講師料のご相談をさせていただいております。

つきましては、御社におかれましても、その点についてご相談させていただきたいのですが、いかがでしょうか？」

とまずは、状況を伝えます。その後、相手の反応を見ながら、具体的な事実に基づく金額の提案をします。

ポイントは、**「相談」の形をとること**。そして、これまでのお付き合いに対する感謝の気持ちを伝え、「今後もお付き合いをさせていただきたい」という思いが伝わるように話すことです。そして、反応を見て、具体的な希望を伝えるという流れで話を進めます。

万が一、交渉が決裂した時は「はい、さようなら」と関係を絶つのではなく、**何らかのフォローを行います**。私は、ほかの講師を紹介したことがあります。私の会社の講師ではないのですが、個人事業で講師をしている知人が仕事を探しており、彼の講師の能力ならお客様のニーズに応えられるのでよいご縁になるのではと判断したからです。すると、お客様と講師の双方から感謝され、別の仕事につなげることができました。

仕事を引き受ける基準は、「お金」だけではありません。

大切なのは、自分が価値を感じられるかどうかです。担当者と波長が合ったり、想いが共通していたりなど、気が合う人とともにする仕事は、学びが多いこともあります。社会的意義のある仕事もあるでしょうし、長い目で見てプラスになる仕事やWin-Winの関係性になる仕事もあります。

しかし、**プロ講師である以上、「お金」の優先度を下げる必要はありません**。

適正な講師料をいただいて貢献し、さらに、一層、価値ある情報、学びを提供するために自己投資に使うのです。単に、生計を立てる、儲けるというレベルの話ではなく、あなたの教えを待っている人に、期待通り、いや期待以上の内容をお届けするために必要なものをいただく。これがプロの本質です。

講師であり続けるためにも、勇気をもって講師料の交渉をしましょう。

成功のポイント

数年ごとに講師料を見直し、実力に見合った講師料をもらおう。

07

稼げる講師は、ゆずれないことを盛り込んだ契約書をつくり、
稼げない講師は、お客様の要望通りの契約書をつくる

仕事を引き受ける時は、契約書を交わします。契約書は相手方に用意してもらいましょう。この時、すべきことは次の2つです。

1 契約書に「書いてあること」と「書いてないこと」の確認を行う

契約とは与えられた契約書にサインをすること、契約内容に間違いがなければそれでよい、と思っている人が少なくありません。

しかし、そもそも契約は当事者双方の想い、考え、決めごとをすり合わせるために行うものなので、海外では、契約書に双方の要望やゆずれないことを盛り込むために、**交渉しながら契約書を作成していきます**。

契約書を確認する際の最初のチェックポイントは、**講師への支払い条件（報酬金額、**

支払い期日）です。報酬金額に間違いがないかどうかはもちろん、支払い期日がいつになるかは理解しておくべきです。

あわせて、支払いが遅れた時の保証など、リスクヘッジが盛り込まれているか、講師側のペナルティが入っているかどうかも確認しておいたほうがよいでしょう。万が一、中止になった時、その原因が主催者側にある場合は補償があるかどうかも確認ポイントです。

2 契約書に付け加える内容を考える

ゆずれないこと、条件なども契約書に盛り込みます。特に、前述した報酬の支払い期日や、研修やセミナーが中止になった際の補償について納得できないときは、こちらの意向をはっきりと伝えるべきです。

私は「こういうことを入れられますか？」と必ず交渉し、要望を入れてもらいます。こちらの要望を出すと仕事がなくなるのでは？　とよく言われるのですが、そうでもありません。それで契約がうまくいかなかったことは、一度もありません。

参考までに、私が契約書に盛り込んでもらうのは、基本的に次の2つです。たいていの契約書に入っていない内容ですが、とても大事なのでこちらから提案します。

●天災など災害時の取り決め

私は「天災の時には、お互い様にしましょう」という話をして、すべての契約書に盛り込むよう交渉しました。なぜなら、悪天候による航空機の欠航や電車の遅延などが増えており、事前確認、対応が必要と感じたからです。

具体的には、

「契約書のドラフト（下書き）をお送りいただき、ありがとうございます。拝見しました。基本的に異存はございません。ただ、最近、自然災害などどこで何があるかわかりませんよね。万が一の時、お客様にご迷惑をおかけしないように、災害時の取り決めも契約書に盛り込んでおいたほうがいいと思うのですが、いかがでしょうか？」

といった「提案」の姿勢で伝えます。

すると、たいてい「ああ、そうかもしれないですね」と合意の返事がきます。

この取り決めをするいちばんの理由は、**自分たちの命を守るため**です。講師はどんな状況でも会場に行くべきだ、という暗黙の前提がありますが、必要以上に無理をして会場に行こうとして事故に遭ったら、元も子もありません。この取り決めがあることで、お客様側も中止となっても補償を考えなくてよくなるため、お互いにとってメリットがあるのです。

●研修教材の著作権について

研修で使用した教材を使って上司や同僚などに報告するのは問題ありません。しかし、教材を使って別の研修を行ったり、同業他社であるほかの研修会社に資料や教材が渡ってしまうとなれば、話は別です。

しかし、著作権に関する取り決めがないと、こちらからは何も言えません。

研修教材は、研修での使用を目的として作成しており、ほかの使用目的を想定していません。万が一、教材の内容がひとり歩きして誤解やトラブルを招いては、誰も幸せになりません。このような事態は、お客様にとってもリスクになります。

主催者がセミナーを収録し、ＤＶＤやネット上の動画にして販売する契約になるケースもあるかもしれません。その際も、コンテンツの権利・帰属について、事前に確認しておかないとトラブルの原因になってしまうことがあるのです。

そのため、最初に「研修教材を安心してお使いいただける範囲を、あらかじめ決めておきませんか？」という提案をします。その後、「著作権の帰属について」という自分でつくった文章を送るのです。あくまでお互いが気持ちよく仕事をするのが目的なので、「提案」として、お客様に話を持ちかけましょう。

なぜ、このような交渉をするのかといえば、**講師が余計なことに気をとられず、安心して研修に集中できる環境づくりをするため**でもあります。

契約内容が曖昧《あいまい》なまま、悶々とした状態で研修、セミナーをしてもいいパフォーマンスは出ません。そのために、契約の段階でひっかかるところは、すべてクリアしておく必要があるのです。

法人との契約書だけではなく、個人のお客様を対象にしたセミナーでも、同様です。

会場内での録音の禁止、無許可での映像撮影の禁止、コンテンツの無断使用の禁止、といったことは申込時点でお客様に伝えるとともに、主催者にも伝えて会場で告知してもらうことが必要です。

していいことと悪いこと――それを講師と受講者の双方が理解したうえで行ったほうが、講師も気持ちよく思い切った話ができるはずです。

講師は、いま目の前にいる受講者に全力を注げるかどうかが何より大事です。その環境をつくって、すっきりした状態で本番に臨みましょう。

成功のポイント

最高のパフォーマンスを発揮するため、ゆずれないことを契約書に盛り込んでもらおう。

08

稼げる講師は、お客様の要望を超えるものを提案し、
稼げない講師は、お客様の要望通りのものを提案する

大きな組織が研修を依頼する際、コンペで講師が選ばれる場合があります。言ってみれば、いちばん条件のいいところと契約するわけです。講師料だけではなくて、講師の力量や実績、プログラム、カリキュラムやコンテンツ、緊急時の社内体制などを含めた会社の信用力など、さまざまな項目があり、それらを点数化して合計点数がいちばん高いところに発注します。

たとえば、ある役所から3年目の職員に仕事の段取りを学ばせる「タイムマネジメント研修」の企画提案依頼がきたとします。

その後コンペにあたり、役所からは、講師から学びたいことを書面にした「仕様書」が届きます（役所からの仕事の場合は、最近はほとんど「仕様書」が届きます。大企業は、案件や管轄する部署によって差があります）。この「仕様書」にのっとって、

講師側は研修で行う内容をわかりやすく提案書にまとめ、提案します。

稼げる講師は、ここで必ずお客様の要望を超えるものを提案します。

相手が期待する以上のものを提供して、驚きや感動を与えることで、お客様から選ばれ、リピートされる講師になることができるからです。

私の場合、〝プラスアルファ〟を提案すべく、次のように考えます。

「3年目の職員向けのタイムマネジメント研修は、役所の人材育成基本方針などから考えた時、どんな方針から出てきているものなのだろう？」と、研修を企画する部署、受講者が求めていることだけでなく、役所の育成方針から何が求められているのかを考え、その要望に対しても応えられる内容を提案するのです。

そのために、私はちょっとした技を使います。

研修担当者に頼んで、**所内で使っている資料**を入手するのです。

ある程度の規模の役所にはたいてい「人材育成基本方針」のようなものがあります。

その中には「3年目の職員に身につけてほしいこと」が定められています。もちろん、機密文書ではないので、頼めばもらえます。

すると、「3年目の職員に求められている能力」が具体的に見えてきます。

そのうえで、「3年目になると任される仕事も増え、いろんな人とコミュニケーションをとらなければならない。特に上司とコミュニケーションがうまくとれると、ミスやトラブルを未然に防げるので、タイムマネジメント力を養うことにもつながるはずだ」と考え、「上司とのコミュニケーションのとり方」の要素もプラスします。

あるいは、「人材育成基本方針」そのものを使って、「この研修はなぜ行われているのか」を受講者に考えてもらうワークを加えたコンテンツを提案します。

稼げない講師は、「仕様書」に書いてあることだけに注目し、それに応えることに集中します。

もちろん、お客様の要望に応えるのは大切ですが、それだけではほかの講師と同じように見えるため、お客様は選びにくくなります。

役所から講師に求めることがあらかじめ明確であったり、主催者から要望があったりしても、**相手は要望のすべてを言語化できているわけではありません**。

そのため、お客様が講師に求めること以上のものをこちらが提供すると、ちょっとした〝サプライズ感〟を与えることができます。

「仕様書」に書いてないことも、プラスアルファしている。しかも、求めていることの本質を見抜いたうえで、1つ上のレベルのものを加えてあるとなると、その時点で**お客様が選ぶ理由ができる**のです。

コンペとなると、ほかの講師と大差をつけて選ばれます

「この研修は何のために行い、何のために受講するのだろう？」と考えると、お客様が言語化できていない本質が見えてきます。

本質を考えるためには、情報も必要です。お客様から情報をいただいたり、ヒアリングしたりして、研修の意味を大きくとらえ直しましょう。

セミナーも一緒です。

たとえば、いま話題になっているnoteというメディアサービスがあります。クリエイターがコンテンツをブログのような形で無料公開したり、有料で販売したりできる新しいサービスです。

このnoteのフォロワー数を増やす方法を教えるコンサルタントや講師が、最近増えているようです。私の知人は、異なる切り口からnoteを教えるコンテンツの提供を始めたことで、依頼が殺到し成功しています。

彼は、まず「クリエイターがnoteを何のためにやるのか？　なぜフォロワーを増やしたいのか？」と考えました。当然、それは有料コンテンツを販売して、収入を増やすためです。そこで彼は、クリエイターの「収入」を切り口にし、「年収1000万円を稼ぐためのnoteフォロワーの増やし方」という、ほかの講師とは差別化されたテーマで教えることにしたのです。

すると、「たしかに、これだけ儲かればいいいな……。この人に教わってみよう」と人が集まったのです。

多くの人が「何を得たいのか」を考え、言語化していないことをとらえると、顕在化していない、お客様が望む以上のコンテンツを提案でき、ほかの講師とは差別化された新しいコンテンツをつくることができます。

成功のポイント

お客様は、要望をすべて言語化できているわけではない。

09

稼げる講師は、「早い者順」で仕事を受け、
稼げない講師は、条件優先で仕事を受ける

仕事の受け方は、講師になりたての時と、軌道に乗りセルフイメージができてからでは大きく異なります。

・**講師になりたての時** → 実績を積むために、できるだけ幅広く仕事を受ける
・**講師として軌道に乗った時** → 「やりたい仕事」あるいは、「すべき仕事」の範**(セルフイメージが定まったあと)** 囲内中で早い者順で仕事を受ける

稼げる講師は、講師としてのセルフイメージが定まり、やりたい方向の仕事が入るようになったら、仕事は条件優先ではなく、**「早い者順」で受けていきます**。

お客様が早く依頼してくれるのは、講師をしてほしい気持ちが強いからです。自分

を必要としてくれるお得意様を大事にするのは、商売の基本中の基本です。

早い時期に依頼をいただけるお客様の仕事を優先して引き受けると、さらに、そのお客様から信頼を得ることにつながり、くり返し仕事を依頼してくださるお得意様になってくれます。継続的に仕事の依頼がくると、結果的に生涯売上、生涯利益の向上につながります。

担当者の立場から考えても、早い時期に講師の予定を確保できれば、気持ちが楽になりますし、講師のスケジュール調整に時間をとられるわずらわしさが減ります。講師の立場から考えても、準備期間がしっかりとれるメリットもあります。

早い者順で仕事を引き受けると、お客様、講師のどちらも得をするのです。

稼げない講師は、仕事の依頼があっても返事を保留し、比較して決めようとしたり、すでに受けている仕事の予定をずらし、条件のいい新しい仕事を受けたりします。

しかし、これをすると「せっかく早く頼んだのに、さんざん待たせたあげく受けてくれないなんて、どういうことだ。もうこの人に頼むのはやめよう」と、お客様からの信用を失います。

たとえば、講師のBさんは条件優先で仕事を引き受ける人でした。お得意様から早い段階で仕事を頼まれ、引き受けると返事をしていたにもかかわらず、条件がいい仕事が入ると日程をずらしたいと交渉したり、時には、キャンセルすることさえありました。金額や会社のブランドなどさまざまなメリットを優先して、とにかく講師としてのステップアップを図りたかったためです。その方法で一時は収入を増やし、条件のいい仕事を回してくれるお客様をたくさん獲得していました。

しかし、講師の業界は狭いので、Bさんの仕事のやり方はすぐに噂になりました。結果的に、お得意様の信頼を失い、新規の仕事もこなくなってしまったのです。

先に決めた仕事の日程を変えるのは信用問題にかかわります。その時はうまく収まったとしても、ずらされたほうは次からはもう頼みません。

仕事を引き受けたあとに、より条件のいい仕事が入ったとしても、先に依頼してくれたお得意様を大切にしましょう。

お得意様に対しては、日頃から仕事のスタンスをさりげなく伝えておくといいでしょう。

お得意様に対して、早い者順で仕事を引き受けていることを知らせておけば、仮に日程が合わなくても、相手からの信頼を失うことはありません。

「早めにご依頼いただければ、ご希望のお日にちを確保できますよ」こんなふうに言っておけば、お客様も早く頼もうと対応してくれます。

講師の仕事は人気商売ですから、継続して講師の仕事をしていくためには、**ある時だけ大きな利益を得るという発想ではなく、続く可能性の高い仕事を増やすことが大切**です。

利益は1~2年の短いスパンで考えるのではなく、中長期のスパンで考えましょう。お客様からの依頼にすぐ応えたほうが好印象を与え、着実に積み上げた実績によって、条件交渉も優位に進められることもあります。

もちろん、早く依頼されたからといって自分の進む方向性と異なる場合は、断ることが必要です。

「これは私の専門分野ではありませんので、今回は、ご期待にお応えできないかもしれません。でも、○○のような分野の仕事がある場合には、ぜひ、またお声をかけていただけませんか？」とお返事するといいでしょう。

お得意様から、自分と合わないテーマで依頼があった場合は、代わりの講師であったり、類似テーマで自分ができる研修・セミナーであったり、代案を提示して誠意を伝えることをオススメします。

講師にとって理想的な仕事の依頼のされ方は、その年度の研修が終わったその瞬間に、「先生、来年度もぜひお願いできますか？」と言っていただくことです。

しかし、そうはいっても、ただ待っているだけでは、話が進まないこともあります。その時は、年度最終の研修終了後に、「今日の研修をご覧いただいていかがでしたか？」とこちらから担当者に聞いてみましょう。「ええ、よかったですよ」と言われたら、「ありがとうございます。では、来年度はいかがいたしますか？」と切り出すのです。

研修が終わった時には、お客様も満足度が高い状態なので、その場で話をすると次の仕事が決まる可能性が高いのです。

仕事は受けるだけではなく、早く決めてもらうようにこちらから話をもっていくことも必要です。来年度の依頼が早く確定すれば、自分も安心できますよね。

講師の仕事は、継続してこそ成り立つものです。

お得意様を大事にして、しっかりした信頼関係を築き、どんどん仕事を引き受けていきましょう。

成功のポイント

目先の利益よりも、将来を考えて仕事を引き受けよう。

第3章

稼げる講師がやっている研修・セミナーの準備

01

稼げる講師は、「チャレンジネタ」を使い、
稼げない講師は、「安定ネタ」を使う

講師の仕事は、7割以上が事前準備で決まるといっても過言ではありません。

「準備に時間をかけない」あるいは「いつも同じコンテンツに沿って進めるので、ほとんど時間がかからない」はNGです。

事前準備に欠かせないのが、**受講者の情報**です。**年齢、性別、職種、役職などの情報を事前に把握し、受講者に合わせた内容（ネタ）を用意しておくことが、講師として最低限のマナー**です。

準備をしないで本番に臨むのは、どんな相手かもわからないままリングに上がるボクサーのようなもの。相手の傾向と対策を練ったうえでリングに上がらなければ、いい戦いはできません。

研修の場合は、**最低でも1週間前までに、担当者に「受講者の方たちはどんな仕事**

をして、どんな課題がありますか」と聞いておきましょう。

研修の目的を確認しておくのはもちろんですが、実際に受講者が困っていることも聞いておけば、それを絡めて話をすることで非常に食いつきがよくなるからです。

また、いま、巷《ちまた》では何が流行っているのかを知ることにもなります。具体例をどんどん出すために、娯楽を含めたトレンドには敏感でなければなりません。講師の仕事をするうえで、必要不可欠といっていいでしょう。

稼げる講師ほど、講義内容の根幹以外は、常に情報のアップデートし、チャレンジしています。〝旬なネタ、最新ネタで語る講師〟という印象をもたれると、**よく学んでいる講師と思われ、リピートの声もかかりやすくなる**のです。

たとえば、前年度とまったく同じテーマで依頼されたとしても、1年のうちに世の中の流れや風潮が変わっていることがありますし、受講者自体も異なります。

ですから、依頼者・依頼内容が同じであっても、いつでも使える定番のネタとは別に、時事ネタでもスポーツでも娯楽でも、今日、何があったかという情報を日々仕入れて、その時々の受講者に合わせた新しい〝食いつきが良さそうなネタ〟を使います。

もちろん、20代と50代では興味のあるネタも違います。

アニメや漫画の話をするにしても、40代後半～50代なら『ドカベン』『ドラえもん』ネタが通じますが、20代、30代だと知らない人がほとんどなので、『ONE PIECE』や『キングダム』に切り替えが必要になります。

ちなみに世代にかかわらず、多くの方が興味関心のあるテーマは、**健康、お金、食、仕事、家族**に関することなどです。アンテナを張って、日々アップデートしておくといいでしょう。

少し前に、「老後は2000万円ないといけない」という政治家の発言が話題になりました。この時は「老後、年金に頼れない時代、働く私たちにとって、何が必要でしょうか?」という問いかけをして、受講者の興味、関心をひきつけてから、本題に入ると効果的でした。

一方、稼げない講師は、いつも同じ準備しかしません。

普遍的なテーマなら問題なく進むことも多いでしょうが、受講者から「古いな」「わかってないな」と思われてしまうことも少なくありません。

たとえば、こんな事例があります。

「新入社員研修」の依頼を受け、事前に受講者の属性（年齢層や性別）もきちんと確認せずに、お決まりの準備をして当日会場に入った講師のAさん。受講者と顔を合わせた瞬間、「あれっ」と驚きました。

会場は40～50代の人々ばかりだったのです。「新入社員研修」ということで20代向けで準備していたAさんは、何を話したらいいのかわからなくなってしまいました。動揺しながら講義をした結果、最後まで受講生の心をつかめず、アンケート結果も散々。当然、次年度のリピートはありませんでした。

たしかにひと昔前までは、新入社員研修といえば、新卒で若くて初々しい新人向けがあたり前でした。

ところが最近は、組織によっては、新卒の新人と社会人経験者を一緒に受講させています。極端な場合、エイジレス雇用などによって40代、50代の方も新卒の新人と一緒に研修を受けることすらあります。

いつもと同じでいいという感覚は危険です。当日会場で焦らないためにも、受講生の世代や属性は、あらかじめしっかり確認し、適した準備を都度行いましょう。

ネットが社会に浸透し、ＡＩ（人工知能）、ＲＰＡ（ロボティック・プロセス・オートメーション）が職場に普及し始めて、世の中の常識や価値観があっという間に変わりました。10年前といまとでは、働き方はもちろん、求められる能力１つとっても大きく変化しています。働く私たちを取り巻く環境の変化、外的要因に目を向けることがこれまで以上に重要な時代です。

だからこそ、講師も自分が提供する情報を受講者に共感、そして価値を感じてもらうためにも、「旬のネタ」を切り口にする必要があります。

講師デビューしたての時は、毎回、しっかり準備をしていた人も、仕事を始めて数年経つと慣れてきます。「いつもと同じでいいや」と事前準備は、新幹線、飛行機、電車の移動の時間に資料にパラパラと目を通して終わりにしてしまう人も多いようですが、それではどんどん受講者は離れていき、仕事自体も減っていきます。

研修・セミナー中に受講者の食いつきが悪いと感じるならば、それはネタがマンネリ化しているからかもしれません。次の研修では準備して、新しいネタを盛り込んでみましょう。

成功のポイント

常に新しい情報を取り入れて、新ネタを用意しておこう。

02

稼げる講師は、本番に〝いつもの自分〟で挑み、
稼げない講師は、本番に〝いつも以上の自分〟で挑む

講師にとって、1回、1回の研修・セミナーが真剣勝負です。

この大事な場でいいパフォーマンスを発揮するには、スポーツのアスリートと同じように、心と体の状態を整えておく必要があります。

会場に入る前にイヤなことがあってイライラしていたとしても、その気持ちのまま始めると、どうしても受講者に伝わってしまうものです。その結果、その場の雰囲気にも影響を与えるのです。

ただ、そうはいっても講師も人間ですから、どうしてもイライラする日もあるでしょう。

自分なりのルーティンを持っておき、常に**自分の状態をリセットし、平常時の状態を保つことができるようにしておくことが必要です**。

たとえば、元メジャーリーガーのイチロー氏は、たくさんのルーティンを持っていました。ルーティンどおり動くことで、平常心にならざるを得ない環境を自分でつくりあげていたのです。

打席に立つ前のネクストバッターズサークルでは、大きく脚を開いて肩を前方へねじる「肩入れストレッチ」をしたり、バットを膝の上に置いて屈伸をしたり、打席に立ってからはバットを相手のほうに向けて立てたりなど、パターンが決まっていました。

自宅から球場に通う時は、毎日、朝昼兼用のブランチにカレーを食べ、いつもと同じ生活習慣を続けることで、できるだけストレスフリーの状態をつくり出していました。ストレスのかかる試合で集中するために、それ以外の生活では、極力、ストレスをなくして、リラックスした状態でいるように努めていたのです。

イチロー氏のルーティンは寝る時間、起きる時間、食事の時間など、生活の隅々まで及んでいました。

翌日のゲームの開始時間から逆算して、すべての時間が自動的に決められ、その通りに生活する——すべては、リラックスして、平常心を保ちながら球場入りし、試合に臨むための準備でした。ルーティンによって〝いつも〟の自分になり、常に安定したパフォーマンスを発揮し続けて、あれだけすばらしい結果を残したのです。

稼げる講師もみな、**研修、セミナーの前に効果を最大にすることにエネルギーを注いでいます**。自分の状態を整え、イチロー氏のように本番で力を発揮できる独自のルーティンを持っているのです。

稼げない講師は、本番で自分のステイト（状態）をいつも以上によくする準備にエネルギーを注ぎます。

ところが、無理して背伸びして研修・セミナーを行っても、中身が伴わないため受講者からの質問にきちんと答えられなかったり、具体例の提供ができなかったりなど、何かしらほころびが出てしまいます。

そうなると、受講者から信頼を得られません。

気合いや努力、根性で当日の気持ちを盛り上げて、無理して頑張ったとしても、頑張りすぎたせいで、ここぞ！という時に力が入らず、パフォーマンスが上がらない。

結局、ムダなところでエネルギーを使っているから疲れてしまうのです。

こういう〝気合い型〟の人は、セミナーの最初は調子がいいのですが、後半になるとバテてしまいます。ムリヤリのテンションはいつまでも続きません。

講師の仕事は、年間に何百回、1回で2時間以上人前で話します。心身ともにエネルギーが必要です。


平常心を保つと同時にエネルギーを蓄えられるように、私は起床から会場入りまでに次のようなルーティンをしています。

いずれも、簡単にできるものばかりです。

1 軽いストレッチと筋トレ

2 靴磨き

3 シャワーを浴び、ミッションを唱え、自分への宣言。鏡に向かって笑顔

4　瞑想

5　アンカーソング＆フォト（お気に入りの音楽を聴いたり、画像を見たりする）

中でも、自分の状態を整えるのにもっとも効果的なのは瞑想です。時間がない時は会場に向かう電車の中など、移動中に1分間頭を空っぽにして目を閉じるだけでも、かなり心が落ち着きます。

瞑想を終えたら、自分のやる気が上がるようなお気に入りの音楽を聴き、スマホに保存してある自分の好きな画像を見て（アンカーソング＆フォト）から登壇します。わかりやすくいえば、自分が機嫌よくなれるものなら何でもいいのです。無理はしないで、自分に合うやり方を取り入れてみてください。

ポイントは、短時間で効果が上がるものを選ぶことです。

また、ルーティンは「**会場に入る前**」と「**会場に入ったあと**」（129ページ）、それぞれあるといいでしょう。

会場に入る前は「瞑想」、会場入りした後は「備品のチェック」などです。

会場入りしたあとのルーティンは、メモに書いて決まったことを順番にやるようにすれば、研修・セミナー前に頭を使う必要もありません。

その場で「ホワイトボートは？」「スクリーンは？」と考えながらやると、どうしても気疲れしますし、抜けてしまうことがあるからです。

ルーティンを定着させるには、はじめは少し努力が必要かもしれません。でも、1回モノになってしまえば、何年、何十年と使えます。

自分に合ったルーティンをつくって、平常心で本番に臨みましょう。

成功のポイント

心身の状態を整える自分なりのルーティンを持とう。

03

稼げる講師は、「どう見られているか」を意識し、
稼げない講師は、「どう見せたいか」を意識する

元NHKアナウンサーという経歴を持ち、話し方の本を書いている女性講師がいます。

彼女は明るい色が好きなのでピンク色のスーツを着たい時もあるようですが、〝元NHK〟のイメージがあるために、講師の仕事をする時は紺色のスーツを着るそうです。

つまり、「どう見せたいか」ではなく、まず**「どう見られているか」を意識してファッションを選んでいる**のです。

イチロー氏がメジャーリーガー時代、無精ひげを生やしたのも同じ理由でした。童顔なので相手になめられて、危険な内角高めをどんどん攻められてしまう。だから、恐さ、迫力を出すために生やしていたのです。相手の投手にどう見られているかを意

識して、あえての対策だったわけです。

講師は個性が大事と服装や見た目に凝る人もいますが、やはり相手ありきです。

当然ながら、相手が変わり場面が変われば、見られ方も変わります。企業での研修と、個人のお客様相手のセミナーでは、講師がすべき服装もそれなりに変える必要があります。

企業から依頼される**研修での服装は、スーツが基本**です。なぜなら、受講者もスーツ姿が多いからです。

心理学に、自分と似た人に親近感を持つ**「類似性の原則」**というものがあります。受講者がスーツ姿であれば、講師もスーツ姿にすることで見た目の印象から親近感を与えることができます。

受講者は、講師の服装や立ち居ふるまいを意外としっかり見ています。高価なものでなくてもいいので、トラディショナル系の定番ブランドや、パターンオーダーなどで体型に合った上質なものを身につけるといいでしょう。派手さはなくても「質の良さ」を感じさせるものを身につけることで、自然と説得力も上がります。

上質なスーツは、メンテナンスをすれば長く着ることができますし、メンテナンスしながら使うと〝ものを大切にする人〟というイメージを相手に与えることもできます。名刺入れや革靴なども、年配の人は革靴もよく見ているので、しっかり整えておきましょう。

また、ベルト、鞄、靴下は、黒色か茶色のものにしましょう。ちょっとお堅く思うかもしれませんが、これがグローバルスタンダードです。

女性は、極端に短いスカートや、極端に胸元が開いている服装はあまり好まれません。香水も香りが強いものは、控えるのがマナーです。

なお、ある程度キャラが立ったベテラン講師なら、多少個性的でも自分のイメージに合っているものを身につけてもよいでしょう。

この道に入るきっかけをくださった津田妙子先生は、いつも明るい色のスーツを着ていらっしゃいました。暖かいオーラが全身から発せられていて、母なる大地のような雰囲気を感じさせる方でしたので、明るい色がよく似合っていたものです。

個人のお客様相手に**セミナーをする際は、自分の「キャラクター」と「話の内容」がフィットしている格好なら、多少派手なものでもOK**です。

たとえば、「成功法則」を教えるセミナー講師なら、少し憧れを誘うようなブランドものを身につけることも大切でしょうし、風水の講師ならラッキーカラーにこだわることも必要でしょう。男性の場合、一般的にひげは好まれませんが、それが似合っていて、話す内容とリンクしていれば問題ないこともあります。

講師はイメージも大切です。常に「受講者にどう見られているか」を意識して、自分の話に説得力が出るようなものを心がけるといいでしょう。

成功のポイント

ＴＰＯに合わせつつ「自分らしさ」のある服装を心がけよう。

04

稼げる講師は、仕事道具を「好み」で選び、
稼げない講師は、仕事道具を「機能性」だけで選ぶ

神は細部に宿る、という言葉があります。

講師たる者、ファッションや身につけるもの、文具から仕事道具まで、細かいところにも徹底的にこだわりましょう。

好きなものを身につけ、好きなものに囲まれて日々を送るのは、心をいい状態にするだけではなく、ブランディングの一環にもなります。

好きなものを身につけていれば、おのずと心も安定します。反対に嫌いなもの、合わないものに囲まれていると気持ちが落ち着きませんし、心も不安定になります。心の状態は受講者に必ず伝わります。


先ほど、講師は「どう見られているか」が大事だとお話ししましたが、いくら自分

のイメージに合っていても嫌々スーツを着るのはNGです。受講者の目を意識したうえで、**「好き」なものや自分の好みのものを身につけワクワクする。そうすることで、仕事に対するやる気も違ってくる**のです。

「好き」という気持ちをないがしろにすると、真面目な講師には見えても、講師としての個性がなかなか出てきません。

好みはこだわりにつながり、こだわりは個性につながります。

こだわりに一貫性があれば、「信念ある講師」というメッセージをお客様に伝えることもできるのです。

研修講師である私にとって、スーツは戦闘服で、道具は戦闘グッズです。機能性はもちろん、好みも踏まえて選んでいます。自分が使いやすいものや、気に入っているものに囲まれていると、自分の心が整い、存分に力を発揮できるからです。

スーツは受講者の属性によって明るいものから、落ち着いたものまで好みの色味のものいくつか持っておくと、実施する内容に合わせて選べるので楽しみも生まれます。

女性であれば、ブラウス、パンプス、バッグ、アクセサリー、コスメなどにこだわるのもひとつでしょう。

好きなものを身につけて会場入りすることで、モチベーションもあがり、自分に自信を持つことができます。ポジティブな気持ちで講義ができるようにするのも大事な事前準備です。

成功のポイント

持ちものにこだわりを持つことで、講師の信念を伝えることができる。

05

稼げる講師は、商品としての自分を磨き上げ、稼げない講師は、コンテンツづくりに全力を注ぐ

稼げる講師は、話すことと自身のあり方を一致させる努力をしています。「あの人、言っていることとやっていることが違うじゃん」と思われては、研修やセミナーの説得力が下がるのを知っているからです。

稼げない講師は、コンテンツやその資料作成には熱心に取り組みますが、それ以外の部分がおろそかになりがちです。そして、それが実習中や休憩時間に露呈するのです。

資料の出来や話の内容がすばらしくても、講師の見た目、態度、雰囲気が内容にともなっていなければ、受講者から受け入れてもらえません。

講師は、**コンテンツだけでなく、自分自身のふるまいも商品の一部**です。

受講生に「この講師の言うことならやってみよう！」と思ってもらえなければ、講義は失敗です。

講師の教える内容は良くて当たり前。大切なのは、受講生に内容がちゃんと伝わって、やる気になってもらうための**〝パフォーマンス〟**です。

しわのあるスーツを身にまとい、体型管理ができていないような姿の人が無表情で話す言葉より、清潔感があって洗練された雰囲気と笑顔で話す人の言葉のほうが説得力があるはずです。話す人の日頃の生き様が、言葉に重みを与えていくのです。

数年前から、私はタイムマネジメント研修をよく頼まれます。仕事の段取りの仕方や、効率的な時間の使い方などを教える研修です。

手前味噌ですが、私の見た目や雰囲気、テキパキ効率よく進める研修の仕方、そして、コンテンツが一致しているので、受講者や研修担当者の方にも好評をいただいています。

私は、日頃から1週間のスケジュールをルーティン化しています。太らないような食生活、フィジカルからメンタルまで整える〝規則正しい生活〟をできるだけ心がけています。そのため、タイムマネジメント研修を依頼されるのです。

研修を始める時は、「終了予定時刻の3分前をメドに終了する予定ですので、進行上、みなさん時間厳守にご協力ください」とアナウンスします。そして必ず時間をオーバーせず、言った通りの時間で終えます。「宣言通りに終わりましたね」と言ってタイムマネジメント研修を終えると、感心してもらえることがあります。

タイムマネジメントを教えているのに講師自身がタイムマネジメントできていないようでは、説得力も落ちますし、信頼も薄れてしまいます。

口で言うだけではなく、実際に講師がそれを目の前でやってみせる。言行一致によって一貫性を感じさせ、信頼を得てリピートされる講師を目指しましょう。

成功のポイント

コンテンツとふるまいが、講師としてのあなたの価値になる。

06

稼げる講師は、心理学を学び、
稼げない講師は、話し方のテクニックを学ぶ

稼げない講師は、活動しようと決めるなり、話し下手、滑舌が悪いからと話術などのテクニックを身につけようとする人も多いです。しかし、あまりオススメはしません。

話し下手だからといって、講師として稼げないわけではないからです。むしろ、ペラペラとスムーズに話すより、受講者の気持ちを汲み取りながらゆっくり話すほうが、言いたいことが相手に伝わります。意外に思われるかもしれませんが、実際、声が小さく、ボソボソと話す人気講師もいます。

あまりにも話し方が流暢《りゅうちょう》で〝プロっぽすぎ〟ると、逆に怪しげに感じられたり、胡《う》散《さん》臭く思われたりすることもあります。

講師にとって、話し方の上手い下手は、受講者に伝わるかどうかで判断されるもの

なのです。

相手にしっかり伝えるには、**「自分視点」ではなく、「相手視点」でモノを伝えること**、そして、**伝えようという思いがあること**が欠かせません。

たとえば、受講者に何か発表してもらい、続いて講師がコメントするとします。この時発表した人があきらかに間違っている意見を言ったとしても、いきなりダメ出しをしてはいけません。発言をいきなり否定すると相手に心理的なブロックがかかってしまい、あとからアドバイスを伝えても相手の心に届かないからです。

「なるほど、そういう考え方もありますね、実はここ、こういう考え方もあるんです」などと言うようすれば、意見を言った受講者も恥をかかずに済みますし、「講師のアドバイスを聞いてやってみよう」という気持ちにもなります。

人は、自分の発言を否定されただけでも、自分自身、つまり存在を否定されたと思ってしまうところがあります。そうなってしまうと、関係の修復が大変です。

稼げる講師の多くは、**心理学**を学んでいます。話し上手ではなくても、視点の転換ができ、相手の立場に立った受講者に伝わる話し方、進行ができるようになるのです。

研修やセミナーは、最初が肝心です。というのも、受講者は講師がどういう人かを、最初に見極めようとするからです。受講者の人数のほうが圧倒的に多いので、受講者の気持ちを講師に向けなければ、場の雰囲気のコントロールも難しくなります。

だからこそ、自分の話が受講者に届きやすいように、〝下ごしらえ〟してスタートする必要があります。ここでは、**心理学者ミルトン・エリクソンの「前提」の技術**を使います。

たとえば、「今日はお集まりいただいてありがとうございます。お忙しい中、新たな学びを得ようという〝意識の高い〟みなさんなら、十分〝わかってもらえる〟と思いますが……」と話を始め、受講者の心に無意識に、自分たちは〝意識が高い〟〝理解できる〟という感覚を持たせます。すると、受講者が自然と聞く耳を持ち、講師の話の理解度も高めることができます。

研修の冒頭では、受講者が安心して話に集中できる環境をつくるために、アイスブレイクをかねて、受講者同士でコミュニケーションを多めにとってもらいます。

これは、**「ザイアンスの法則」**（単純接触効果）という心理学の法則を使っています。人は接触頻度が増え、相手の人となりがわかってくると、親しみが湧くというものです。真横や前の席に座っている受講者同士コミュニケーションをとってもらうと、安心して学べる雰囲気をつくることができるのです。

話し方はあくまで「手段」です。

講師は自分がうまく話すことに意識を向けるよりも、いかに目の前の受講者が受け取れるかどうかに意識を向けるほうがはるかに大事なのです。

話すのが得意ではない方は、心理学を学んでみてください。あなたの伝えたいことが、より自然に受講者に届くようになるでしょう。

成功のポイント

心理学を学ぶことで、受講者の心に届く話ができる。

07

稼げる講師は、前もって最悪の事態を考え、
稼げない講師は、うまくいく前提で考える

２０１６年４月14日、熊本地震が起きた日、私は熊本にいました。

研修を終え、ホテルに戻ってひと仕事を終えたあと、少し遅い夕食をと馴染みの店でビールを飲みながらマスターと話をし始めたその時、突然、ゴォーッと下から音が聞こえてきました。マスターに「ボイラーでも故障したんですか？」と聞いた矢先、ドカーンという音とともに、体が宙にふっ飛びました。続いて、椅子に座っていられないほどの激しい横揺れに襲われ、あわててカウンターの下にもぐって四つん這いになったのですが、ほかのお客様はショックで呆然としています。熊本は地震がなかった土地なので、みな、どうしていいかわからないようでした。

私が「みんな下にもぐれ！」と叫ぶと、みんなはハッとした様子で、テーブルの下にもぐり込みました。その後も大きな揺れが続き、ボトルやグラスが一斉に床に落ち、

すごい音を立てて割れました。

しばらくすると一旦、揺れがおさまったので店を出ました。

ホテルに戻ったものの、余震が続いているのでエレベータは停止したまま。もちろん部屋に入ることもできません。ホテルの玄関前に敷かれたブルーシートの上で、支給されたバスタオル2枚にくるまって肌寒さをしのぎながら、ほかのお客様と一緒に朝を待ちました。

翌日も研修の予定があったので、確認のために主催者に何度か連絡をしたのですが、回線が混乱しており、つながることはありませんでした。

翌日は交通機関は麻痺している状態でしたが、タクシーが時間通りにホテルの前に迎えに来てくれました。ホテルにチェックインした時にタクシーを手配しておいたのが、功を奏したのです。おかげで、会場に定刻までにたどり着けました。

そんな私の姿を見て、「先生、どうやって今日、ここまで来られたんですか?」と、主催者はとても驚きながらも、「せっかく、大変な思いをして来ていただいたのに申し訳ありませんが、受講者が来られないので、今日の研修は中止でお願いします」と申し訳なさそうにおっしゃいました。

研修を行うことができなかったものの、不測の事態に備えておいたおかげで、受講者、お客様に迷惑をかけることにはなりませんでした。

ここまでの災害は数多くないにしろ、いまの世の中、災害や事故など、いつどこで何が起きるかわかりません。何事も起こらないと決め込んで予定を組んでいては、何かが起きた時に対処ができません。

たまに、電車の遅延で会場入りの時間に遅れる講師を見かけます。それは「時間通りに到着するに違いない」とうまくいく前提で移動するから遅刻するのです。

会場への移動は、最悪の事態を想定し、早めに交通手段を確保しておきましょう。先の事例で、私が当日の朝、タクシーを手配する予定にしていたら、会場に開始時間までに行くことは絶対にできませんでした。スケジュールが決まっているものは、早めに手配をしておきましょう。何かあった時のリスクヘッジにもなります。

ちなみに私は、土日に移動が生じる仕事の際は、必ず担当者と携帯電話の番号を交換し、場合によってはSNSでやりとりができるようにしています。そうすることで、何かあった時でも相手とすばやく情報共有し、落ち着いて対応できるからです。**〝緊急時の対応を考えているしっかりした講師〟とお客様にも安心して仕事を任せてもらえます**。

私の場合は、天気や交通情報のチェックもマメに行います。天気予報で台風が向かって来ているという情報があると早めに家を出ますし、飛行機が飛ばないと聞けば、新幹線で移動する手段に、すぐに切り替えます。

都内で研修する時は、電車遅延がよく起きるので、会場近くの駅に、大体1時間以上前には到着しています。その近くで朝食を食べ、遅れない状態をつくるのです。

また、冬場、飛行機や新幹線で移動する時、ホテルの部屋で眠る前にはマスクをするなど、体調管理にも気をつけています。冬場、これらの場所は乾燥しているので、風邪の予防をするためです。

以前、体調を崩してしまい、入院することになったのですが、代わりの先生をつかまえることができず、病院から研修会場に向かったことがあります。その時は本当に大変でした。そんな思いをしないために、万全に万全を重ねています。

最悪の事態にならないように、移動と体調管理、両方に起こる変化に日頃から備えておきましょう。

成功のポイント

最悪の事態も想定し、交通機関と体調の管理は徹底しよう。

08

稼げる講師は、研修・セミナーの全体像を把握して準備し、稼げない講師は、行き当たりばったりで準備する

ここまで準備の大切さについてお話ししてきましたが、具体的に何を準備したらいいのかよくわからない方もいるかもしれません。そこで、主に研修講師をしている私が、研修の前にどういう準備しているのか、その一例をご紹介します。

準備の目的は、〝いつもの自分でいる〟ためでもあり、ミス・漏れをなくすためでもあります。

事前準備および事前確認していることを、それぞれ見ていきましょう。

1 前日までの準備……自分の心身の状態を整えるための準備。持ち物チェック

・研修・セミナーの目的・目標・受講者情報（年齢、性別、職種、役職など）の確認

・テーマ・受講者に合わせた服装選び。ズボンプレス

・睡眠と入浴（表情筋の体操）時間の確保
・軽いストレッチ、セルフイメージを高める読書、瞑想
・ホテル泊の時は、マスク着用で睡眠
・必要備品の確認（名刺、タイマー、教材、参考図書、ボード、筆記用具、スマホ、パソコン、バッテリーなど）
・周辺環境の確認（交通手段、アクセス、ランチスポット、トイレの場所など）
・過去に撮影・録音した講義を見直したり、聞き直したりしてリハーサル（はじめて扱う研修テーマの場合）
・行う研修・セミナーの流れをイメージトレーニング（慣れている研修テーマの場合）
・研修先企業・団体のホームページ、新聞などで業界・地域の情報のチェック。地方へ行く場合は、雑誌、情報誌（機内や空港から現地に向かうバス車内のもの）、NHKニュースなどで現地の情報をチェック
・タクシー運転手と雑談し、現地の情報を仕入れる

・地域の名店を調べ、名産などを食べる（グルメサイトなどの評価も確認）。初訪問地の場合は、極力、観光する

2　当日の準備……良いスタートを切るための準備。会場の機材などの確認

・建物内の掲示板、事務室の雰囲気（事務局スタッフの人数、年齢層など）、会場の広さと形、天井の高さ、照明の明るさ、エアコンの調子、トイレの場所など
・機材の確認（マイク、スクリーン、パソコン、プロジェクター、ホワイトボード、ホワイトボード用マーカーなど）
・実習備品の確認（文房具、ワークシートなど）

3　研修直前の準備……いつも自分で研修・セミナーをするための準備

・研修の目的・目標（担当者、受講者）を最終確認
・受講者の前後の予定（飛行機、新幹線などですぐ移動しなければならない人を確認する）、人数、年齢層を最終確認

・受講者の過去の研修受講歴、受講の背景（本人の希望なのか、上司などの指示なのか）を確認

・受講者の心身の状況（障がい者など含む）の確認

・気をつけること、してほしいことなどの確認。担当者に、触れてはいけない話題を確認

・事例（ネタ）の確認

・自分なりのルーティンでステイト（心と体の状態）を整える

講師にとって、準備は本番以上に気を遣うべきところです。しっかりした準備ができていれば、よい研修・セミナーになることは約束されるでしょう。

成功のポイント

本番で実力を発揮するために、事前準備に手間暇をかけよう。

第4章

稼げる講師が研修・セミナー中に気をつけていること

01

稼げる講師は、とっておきの〝つかみ〟から始め、
稼げない講師は、〝ご機嫌うかがい〟から始める

研修やセミナーが始まって講師がまずすべきことは、受講者の心を自分のほうに向けることです。

お笑い芸人のつかみネタと同じで、とにかくはじめが肝心です。

本題に入る前に、受講者が興味・関心を持つようなネタを披露し、こちらの話に食いついてもらう必要があります。冒頭部分で自分のペース、土俵に持ち込むかで研修の成否が決まるといってもいいでしょう。

はじめに受講者の心をつかむことができれば、あとは、ごく自然にコンテンツに誘導していけば、受講者は熱心にこちらの話を聞いてくれるはずです。

「この講師はダメだな」とはじめに思われてしまうと受講者の心が閉じてしまい、その後どんなにいい話をしても、なかなか聞いてもらえません。とにかく、最初の5分、

10分でこちらのペースに巻き込んでしまいましょう。

万が一、冒頭部分で主導権を握れなくても、簡単にあきらめず、はじめの休憩時間に入るまでにペースをつかむことを心がけてください。

つかみネタに困った時は**「ハ・ナ・シ・カ・タ」**で選ぶといいでしょう。
「ハ・ナ・シ・カ・タ」の内容は次の通りです。「ハ……近所のタピオカ屋の話」のように、事例をメモして常に持ち歩けば、ネタに困ることはありません。

「ハ」……流行っていること、流行っているもの。時事ネタ。

「ナ」……仲間（共通の知人）。講師と受講者の共通の知人（受講者の上司など）。

「シ」……仕事の話。趣味の話（業界裏話。副業の話。自分の失敗談。マラソン、ゴルフ、魚釣りなど）。

「カ」……家族の話。家計の話（子どもの教育の話。親の話。老後の話。年金の話など）。

「タ」……旅の話。ご当地ネタ（食べ物の話。旅先での体験談）。

私の場合は、地方に行った時は、**ご当地ネタ**を定番にしています。食べ物、飲み物、お店や観光名所を訪れた時の話は、たいていＯＫです。その地域出身の有名人のネタもオススメです。

たまにその**土地の方言**をポイントで使うこともあります。私は東京出身なので上手には話せませんが、下手だからこそ親しみを感じてもらえるようです。

ちなみに、私はスマホをいつもニュース速報が入る設定にしているので、政治、経済、スポーツ、芸能のジャンルまで、時事ネタの速報には事欠きません。

ただし、野球などの特定のチームの話は慎重にしたほうがいいでしょう。みんなが地元チームファンとは限りません。大阪にも巨人ファンはいますし、福岡にも西武ファンがいます。使う時は、注意しましょう。

また、つかむ技術は雑談だけではありません。**受講者全員を巻き込んで交流する場をつくるのも効果があります**。

たとえば、全員に立ってもらい、制限時間を決めて、ペアの相手を次々と変えながら挨拶を交わしてハイタッチをしてもらったり、制限時間内に誕生日順に並んでもらって間違えたら罰ゲームをしたり、アイスブレイクを冒頭で行います。硬い場の雰囲気をほぐしてから、グループで自己紹介をしてもらうのです。年配の人はハイタッチに抵抗がある人もいるので、場の雰囲気を考えてアレンジしてください。

こういった体を使うアイスブレイクは、体を使うことで気持ちをほぐす効果を狙っています。心と体はつながっているので、心か体、どちらか一方をほぐせば、もう一方もほぐれます。その結果、安心してコミュニケーションがとれるのです。

つかみのパターンを、受講者に合わせて使えるように準備しておくといいでしょう。

一方、稼げない講師は、冒頭部分を受講者のご機嫌うかがいから始めます。

たとえば、「受講者のみなさんは、私より豊富な経験をお持ちだと思いますが……」などの話し方をすることです。

これでは、受講者は講師を下に見るようになってしまい、講師の話を真剣に聞こうという気になりません。受講者には親しみを感じさせつつ、堂々と自信ある態度で臨みましょう。「この人の話、聞いてみようかな」と思ってもらうことが重要です。

ときには、やる気のなさそうな受講者がいることもあります。研修の場合は、講師1人に対して受講者は20～30人。セミナーともなると、10～100人くらいまでが一般的です。1人でもやる気がない人がいると、その人のネガティブオーラが会場全体の雰囲気に悪い影響を与えてしまいます。

もし、やる気がない人がいる時は、実習時などに「○○さん、何か困ったことはありませんか？　何かあったらいつでも言ってくださいね」などと早めに声をかけて、関係を構築していきましょう。

研修中に声をかけられなかった場合は、はじめの休憩時間に「何か気になることがあったらいつでも言ってくださいね」と声をかけたり、ちょっとした雑談をしたりして、集中できない理由を探っていきましょう。

それでもうまくいかない時には、こんな小技もあります。

研修中、やる気のなさそうな人が座っている両サイドの人にどんどん質問したり、話を振ったりするのです。すると全体の視線がその人のほうに集まるので、その視線を意識して受講姿勢が変わってくることがあります。

何を話すかの前に、受講者が研修やセミナーに集中できるように気を配ることも、講師の大事な仕事の1つです。自分なりのつかみを用意しておきましょう。

成功のポイント

研修・セミナーの冒頭で主導権を握ることが大切。

02

稼げる講師は、受講者のちょっとした変化に気を配り、
稼げない講師は、自分が話すことに夢中になる

あなたが話をしている最中、受講者が飽きているように感じたことはありませんか？

この時、あなたの話は一方通行になっている可能性があります。受講者の気持ちが「あなたの話を聞きたい」という状態から離れていっているのです。

受講者の心を常にこちらに向けておくためには、**受講生の様子を見ながら臨機応変に対応していくことが大切**です。声の大きさ、強弱、話すスピード、話の内容、間の取り方、問いかけ、休憩のとり方、締め方などを工夫し、常にこちらの話に注意が向くよう進めるのです。

それには、受講者を全力で観察しながら話を進める必要があります。

とはいっても、そんなに難しいことをするわけではありません。

たとえば、服を羽織る人がいたら、「ちょっと寒いですか？」と声をかけ、反対に、服を脱いだりタオルで汗を拭いたりする人がいたら「暑い人いますか？」と声をかける。日差しがまぶしそうにしている人がいたら、「大丈夫ですか？　そのあたり、直射日光が当たっているようですが」と声をかけるだけです。

人によって暑さ、寒さの感じ方は異なるので、相手に合わせて対応するだけで受講者は「ここまで気を遣ってくれるんだ」と講師に好意的な印象を抱き、自然に話を聞こうという気持ちになるのです。自分たちのために尽くしてくれる人に対して、悪い印象を持つ人はいません。

こうした受講者への細やかな対応は、講師が話や進行に対して自信や心の余裕がなければ、決してできません。また、講師が「話をしてあげている」という上から目線ではなく、「話を聞いてもらっている」という意識でないと、やはり難しいものです。

また、専門的な内容や難しい内容を伝えなければならない時には、伝え方を工夫する必要があります。

たとえば、事例を使って伝える時には少し砕けた調子で話したり、受講者に随時質問して理解度を確かめたり、いつも以上に双方向のコミュニケーションになる進行を心がけるといいでしょう。

稼げない講師は、あらかじめ決められている進行、スクリプト、タイムテーブルを守ることに集中し、臨機応変な進行をしたり、こまめに休憩を入れたりしてはいけないと思い込んでいます。しかし、それではうまくいきません。

そもそも人の集中力は、長くても90分以上もちません。受講者の様子を見ながら、必要なタイミングで休憩を入れたり、アイスブレイクを挟んだりしながら、メリハリある進行を心がけることで、研修・セミナーの効果も自然と高まっていきます。

意外に思うかもしれませんが、**研修・セミナーは終わり方も大切**です。そこで効果が大きく変わるといっても過言ではありません。

ところが、これまで私も数多くの研修・セミナーを受けていますが、終わりをハッキリさせない講師もたくさんいます。受講者が「いつ終わったの？」と思うような終わり方はNGです。受講者は気持ちの整理ができず、消化不良感が否めず、よい研修だった、よいセミナーだったという感想にはなりません。当然、講師のイメージも受講者に残りません。研修・セミナーの最後は、受講者をやる気にさせる**心温まるポジティブなメッセージ**や、**もっとも伝えたかったこと**などで必ず締めくくりましょう。しっかり終えることで、いい研修・セミナーになります。

参考までに、実際に使い、反応が良かった締めくくりのメッセージを紹介します。

●受講者が役所の職員の場合

「みなさんの働きは地域の財産です。これからも自分のため、家族のため、地域のために、使命を持って頑張ってください！　そうすることで、あなた自身がいっそう輝き、それが社会（地域）のためになるはずです！」

●受講者が鉄道会社の社員の場合

「みなさんの働きは、鉄道の事業を通じて、人々にかけがえのない時間と豊かな暮らしを提供しているんですよね！　これからも私たちのために心安らぐ時間を提供していってください！」

自分たちの仕事、していることの意義、誇りを思い出してもらい、「よし、これからも頑張ろう」と意気に感じるようなポジティブな言葉で締めくくるのです。

研修・セミナーで学びを提供し、知識、スキルを教えるのはもちろん、伝えたことを実践しようというやる気を引き出すことも講師の仕事です。

最後の締めくくりは、とても重要です。ぜひ、それを忘れないでください。

成功のポイント

受講者に応じて話し方や休憩時間を変え、集中力を持続させる。

03

稼げる講師は、会場を動き回って話し、
稼げない講師は、演台の前から動かずに話す

研修やセミナーの際、私は立ったままお話ししますが、この時、気をつけていることがあります。それは、必ず**演台や講師用のテーブルなどから離れた場所に立つ**ことです。受講者との間にさえぎるものがない場所のほうが、心理的な壁もできずやりとりがしやすいからです。

受講者から質問を受けた時も、質問者と自分との間に極力、さえぎるものがない場所まで移動して、相手の話を聞いて答えます。実習中のように受講者が座っている時に質問された場合は、目線を合わせるようにしゃがんでやりとりします。

いちばん後ろの席の受講者に発表してもらう時は、「みなさん、ちょっと待ってくださいね」と言って相手の席の近くまで走って移動します。また、みんなが前を向いているままだと発表者が寂しい思いをするので、「はい、みなさん、こちらを向いて

いただけますか」とお願いしてから、「はい、どうぞ」と受講者に発表してもらいます。このように会場内を縦横無尽に動き回って話していると、受講者には「あの先生、すごく熱心だな。わざわざこっちに来てくれるんだ」とこちらの思いも自然と伝わるうえに、いい印象を持たれます。

稼げない講師は、演台の前からあまり動きません。

その結果、研修・セミナーの雰囲気や進行が単調になり、受講者を退屈させてしまいます。

演台が用意されていると、演台の前で話さなければ失礼だと思うかもしれませんが、そんなことはありません。基本的に、立つ場所に決まりなどないのです。むしろ、**状況に応じて自由にポジションを変えながら進行することで、受講者の注意を引くことができます**。何より、かしこまらずに話ができるので、場が活気づくのです。

時には、アスリートのトレーナーやコーチのように「ハイ、やりましょう！」と手を叩いて受講者を鼓舞します。全身を使ってパフォーマンスするので、１日研修を終えるとだいたい2キロ程度、体重が落ちています。

以前、ある研修担当者に「命を削ってやられていますよね」と言われたことがあるほど、動き回っています。

また、休憩時間に受講生から質問をされることもあるでしょう。この時、座ったまま対応する講師が多いようですが、ここはやはり立ちあがって、さえぎるものがない場所に移動して同じ目線で話を聞きましょう。

私は必ず立って対応しているのですが、質問者だけでなく、周囲の人や主催者・担当者がその姿を見て、「あの先生は休憩中でも、受講者と対等の立場で話を聞いてくれる人だ」とある種の信頼を持ってくださるようです。

講師は、時には**パフォーマーやスピーカー、プレゼンターであり、時にはコーチやメンター、ファシリテーター、カウンセラーでもあります**。さまざまな面から学びやスキルを提供するのが仕事です。

テキストを読むだけなら、ＡＩでもできます。しかし、講師は人間ですからＡＩにはない空気を読む力、気遣いをして相手を惹きつける力があります。その場を観察し、瞬時に相手の感情を読みとって動くのは、まだＡＩにはできない領域です。

講師が動くことで、受講者の視線や体も動きます。自分全部を使って、どんどん場に活気を与えていきましょう。

半日以上ずっと座ったまま研修を受けていれば、集中力を欠いてしまうのも無理はありません。受講者は「つまらない講義してるな」と判断したら、スマホをいじったり、寝てしまったり、中には持ち込んだ仕事を始めたりするでしょう。悔しいかもしれませんが、そんな様子を見かけた時は、自分の進め方を調整しましょう。

伝えたいことを「いま、ここで」聞いてもらうために、言葉だけではなく身体も使って表現するよう心がけましょう。

成功のポイント

会場を自由に動き回ってパフォーマンスをしよう。

04

稼げる講師は、失敗体験を話し、
稼げない講師は、成功体験を話す

稼げる講師は、受講者の前で**〝等身大の自分〟をさらけ出すことを恐れません**。自身の失敗体験や弱さなども、受講者への示唆《しさ》を与える事例として効果的に活用しているのです。すると結果的に受講者から親しみを持たれ、話を聞いてもらえる関係が自然にできるようになります。

失敗体験は、人との距離感を縮めるのにとても有効です。まずは、講師が等身大の自分をさらけ出し、受講者の信頼と共感を得て、「話を聞いてみよう」と思わせるのが重要なのです。

たとえば、次のような具合です。

「私はもともと極度の人見知りです。たぶん本質は変わっていません。でも、いまは、はじめて会ったみなさんにもこれだけ話すことができます。なぜかというとトレーニングしたからです。人見知りの人もトレーニングをすると話せるようになるんです。私がいま、人前で話すことを職業としているくらいですから」

欠点がない人はほとんどいません。人はみな、それを克服するために努力しています。そのため、同じように頑張っている人に共感するのです。

自分の弱点もさらけ出してから、「○○することで、克服できました」と話すと嫌味にならず、話に説得力が生まれます。そして「またあの人の話が聞きたい」と思われる――つまり、リピートがかかる講師になることができるのです。

稼げない講師は、自分の過去の実績や成功体験などいい面ばかりを語り、受講者から〝特別な存在〟であると思われようとします。ところが、特別であることを強調すると、受講者からは〝遠い存在〟に感じられてしまい共感を得られません。すると何を話しても「自分ごと」として受け止めてもらえなくなり、研修の効果、さらにはリピート率までも低くなってしまいます。

実際、人の成功例や美談を聞いて勇気づけられるのは、その中に失敗や困難を乗り越えたプロセスがあるからです。単なる自慢話は、たいていイヤがられます。

成功体験のほうが、どうすればいいかという答えが明確なので、人の役に立つと思うかもしれません。ですが、「あなたの成功体験はすごいし、たしかにその通りだと思うけど、何か話が美しすぎる」もしくは「それは、あなただからできたことでしょう」と、受講者は心理的な距離を感じるのです。

心理的な距離がある限り、あなたの話は受講者に届きません。

自分の失敗体験もどんどんネタにして、受講者との壁を取り払いましょう。

成功のポイント

失敗体験をネタにして受講者に共感してもらおう。

05

稼げる講師は、受講者の間違いをきちんと指摘し、
稼げない講師は、受講者の間違いを指摘しない

稼げる講師のほとんどは、受講者にとっていま何が必要かを考え、適切に叱咤激励します。決して、耳触りのいい話ばかりをする人が、人気講師になっているわけではありません。

言いづらいことをわかってもらいたい時も、そこに受講者を思う気持ちがあれば、たいていは素直に聞き入れてもらえます。**講師の誠意が受講者に伝われば、「この先生、言う時はちゃんと言うな」と信用され、講師の熱意も伝わる**のです。

たとえば、新入社員研修です。右も左もわからない新入社員に対して、講師が聞こえのいいことばかり言っても、本当に大切なことが伝わらず、その結果、新入社員を職場で困らせてしまいます。

また、ただ叱咤激励しても受講者は拒否反応を示し、心に壁をつくってしまいます。厳しいことを言っても、受講者に受け入れてもらえるようにするにはコツがあります。

まず「私も新入社員の頃、同じことで上司に怒られたことがあるんです。その時、とてもつらい思いをしました。だからこそ、今日、私の研修を受けてくれているあなたには、同じつらい思いをさせたくはない。そういう意味からあえて言いますが……」などと、相手を気遣う言葉を添えることで抵抗感を和らげます。

受講者の発言や行動を頭ごなしに否定するのではなく、あなたのために伝えているのだと、発言した受講者や周りの受講者にも感じてもらう必要があるのです。

そして、次に大切なのは、**言いたいことを①「事実」と②「感情」と③「要求」の3つに分け、順番に伝える**ことです。そうすることで、受講者も講師のアドバイスを受け入れやすくなります。

たとえば、新入社員研修時、受講者の数名が午後の研修の開始時刻に遅れたとします。この時は、次のように注意するといいでしょう。

①**「事実」を伝える**……「みなさん、午前中は時間厳守で真面目に受講してくださいましたね。でも、午後、遅れてしまった方がいます」

②**「感情」を伝える**……「私は、みなさんの真面目で前向きな姿勢から、きっと職場にもすぐなじんで仕事ができるだろうなと感じています」

③**「要求」を伝える**……「そんなみなさんだからこそお伝えしますが、『時間を守る』ということは、職場でも忘れないでくださいね！」

受講者の発言や行動を頭ごなしに否定するのではなく、**「あなたはできるはずだ」という期待の感情を受講者に感じさせたうえで、言いたいことを伝える必要がある**のです。

人を説得する技術の1つに、**「アリストテレスの説得の3要素」**というものがあります。3要素とは、次のとおりです。

①エトス（人間性：人柄による説得）
②パトス（感情：聞き手の感情へ訴えかける説得）
③ロゴス（論理：理屈による説得）

この3つがそろうと、人を動かすことができるといわれています。

簡単にいうと、「信頼できる人から熱意をもって理屈を伝えられると人は動く」ということです。つまり、講師が受講者を変えるためには、まず**講師として信頼されたうえで、相手に熱意をもって理屈を伝えていかなければならない**のです。

稼げない講師は、受講者から信頼を得る段階で失敗している人が多いです。

受講者が間違ったことをしても（言っても）指摘せず、そのまま流してしまいます。

何も言わなければ、受講者も「それでいいんだ」と思うため、何も変わりません。少なくとも「そういう考え方もあるかもしれないですね」と伝えるべきです。

指摘しなければ角は立ちませんし、講義もスムーズに進められるかもしれませんが、それでは受講者のためになりません。

間違いをはっきりさせないまま終わると、それまで伝えてきたことがあいまいになるため、教えたことが受講者の身につかず、講師としての信頼も失ってしまいます。

受講者があきらかに間違った行動や発言をしたら、参加している受講者全員に理解できるような形で、きちんとフィードバックしましょう。

講師は受講者とラポール（信頼関係）を早い段階で築き、事実を曲げずに熱意をもって伝えることが大切です。

成功のポイント

受講者の間違いを指摘するときは、要求を伝える順番に気をつけよう。

06

稼げる講師は、研修・セミナーの最初に細かい決めごとを伝え、稼げない講師は、すぐさま研修・セミナーを始める

研修・セミナーを始めるにあたり、**終了時間、休憩の有無（または休憩時間）、質問をしていいのかなど、基本的な進め方や決まりごとを先に伝えておくのはとても大事です**。

進行予定が把握できていると、受講者も内容に集中できるからです。

稼げない講師は、多くの情報を伝えたいと思うあまり、研修の内容やパワーポイント資料の解説をしたり、研修・セミナーをいきなり始めてしまい、受講者が集中できる状態をつくることなく、どんどん進めてしまいます。

稼げる講師は、研修・セミナーの冒頭で、わざわざ時間を割いて研修・セミナーの全体像や決まりごと、受講者が気になるであろう要点を細々と説明してから、研修・セミナーを始めます。

たとえば、次のような要素です。

- **休憩時間と昼休み**
- **研修が終わる時間（事前に伝わっていても、改めて伝える）**
- **質問をしていいのかどうか、質問受付の時間帯**
- **飲食など可能な範囲**
- **空調の温度調整、直射日光、日差しの調整などの気遣い**

私は、研修・セミナーの冒頭に、「休憩時間の目途（時間とタイミング）」と「研修が終わる時間」「質問できるタイミング」と共に「自分が会場を出る時間」を必ず伝えます。

午前中から始まった研修が正午すぎまで長引いてしまったとき、前もって休憩時間の目処を伝えていなければ、受講者は「いつ終わるのかな？　お腹すいたな」と、余計なことを考えて集中できなくなってしまいます。

会場によっては利用時間が明確に決まっていることがあります。研修・セミナーの終了後に、受講者から質問を受け付けることも少なくありません。そのため、事前に「質問は終わってからでもいいですが、ここは◯時までには撤収しますので、できるだけ質問は早めに来てください」と伝えます。

会場はまだ使えても、私自身が研修後すぐに別の場所に移動しなければならず、質問に答える時間があまりとれない場合があります。

その時は「大変申し訳ありませんが、終了後は、次の研修先への移動時間の関係で、ここを◯時に出なければなりません。もし、ご質問がある場合は、昼休みでも　休憩中でも研修中でもかまいません。みなさんの質問を最優先で対応したいと思っておりますので、遠慮なく声をかけてください」と伝えます。

そうすることで、受講者も気持ちの準備ができるので、質問の機会を逃すことがなくなります。

ほかにも、「暑い寒いは遠慮しないで言ってください。可能な限り調整しますので」

や、「今日は、暑いので脱水症状を起こすといけないので、飲み物はいつでも遠慮なく取ってくださいね。甘いものが食べたくなったら、音が出ないものでしたらお菓子類も食べながらでも結構ですから」などと、会場の設備や禁止事項を確認のうえ、環境についても、あらかじめはっきり伝えています。「飲食してもいいのかなあ」「言ってもいいのかなあ」などの不安を取り除くことで、受講者を研修・セミナーに集中させるためです。

そしてもう1つ、どんな思いでその日、登壇をするかについても伝えます。

「今日は、お忙しい中、お越しいただいてありがとうございます。貴重な時間を割いて参加を決めたみなさんの中には、今後の成長へのヒントをつかみたいという思いの人もいるでしょう。あるいは、いまある悩みやストレスの解消へのヒントを知りたいという人もいるでしょう。いずれにしても、みなさんに役立つヒントを、最低2〜3つはお持ち帰りいただけるよう、しっかり努めたいと思います」

受講者に自分ごとにとらえてもらうために、冒頭で研修・セミナーを受ける必要性を改めて伝えるのです。

ささいなことですが、このように受講者の立場を気遣うことで、受講者のストレスを減らし、集中できる環境をつくることができます。その結果、満足度も研修・セミナーの効果も高まります。

成功のポイント

研修冒頭に決まりごとを話し、集中して学べる環境をつくる。

07

稼げる講師は、受講者と対話をし、
稼げない講師は、受講者に一方的に説明をする

稼げる講師は、**受講者と双方向でやりとりをする形式で研修・セミナーを進行します**。

たとえば、受講者に問いかけて答えてもらう対話形式、あるいは、受講者自ら学んでもらう形式などです。一方的に話し続ける時間を少なくするよう、心がけているのです。

私は1つの話について、連続して8分間以上は話し続けないように気をつけています。なぜ8分間かというと、「90／20／8の法則」（『研修デザインハンドブック』中村文子、ボブ・パイク著／日本能率協会マネジメントセンター）というものがあるからです。

・**90分**……人が理解しながら話を聞ける時間
・**20分**……人が記憶しながら話を聞ける時間
・**8分**……人が興味を失わずに集中して話を聞ける時間

人は、8分間以上一方的に話をされると、それがどんなにいい話でも飽きてしまいます。20分、30分と続くと苦痛にさえ感じるというものです。

そのため、できる限り、8分程度を目安に話をしたら、問いかけをしたり、パワーポイントで資料を見てもらったり、ちょっとした実習を入れたり、隣の人としゃべってもらったりします。

さらに、60分程度に1回は必ず休憩を入れます。これは、実際に90分続けて実施するより、60分程度で休憩を挟んだほうが、受講者から「集中できた」という声が多いからです。

どうしても60分以上休憩がとれない時は、「○○まで説明したら、きりがいいので休憩にしましょう」と、あらかじめ目安を伝えるひと言を挟みます。人は先が見えると頑張れるという心理を活用し、集中力を維持してもらうためです。たったひと言ですが、効果が実感できています。

また、なるべく1人ひとりの目を見ながら、話しかけるように伝えます。

会場内の受講者を9つのブロックに分け、それぞれのブロックで目を合わせる人をある程度決めて、後方から前方に向かって、ジグザグにアイコンタクトをとりながら話を進めます。

受講人数が多い時でも、雰囲気だけでも全員参加での対話となるよう、このブロック形式で話すことを心がけています。

一方、稼げない講師は、伝え漏れをしてはいけない、間違えてはいけない、という意識が強く、懸命に説明し続けます。最初は熱心に聞いていた受講者も、講師が話せば話すほど、徐々に興味を失い、集中力が途切れ、ほかのことを考え始めたりしてしまいます。こうなると、いくら講師が熱を入れて説明しても、その言葉は届きません。

私たちは誰かと対面で話をする時、相手の目や表情、態度などを見て、相手の反応に合わせるように言葉を選びます。そして相手も、あなたに向けて言葉を選んで話します。だからこそ、会話が成立するのです。一方的な話し方では相手に伝わりません。研修やセミナーは、話す相手の人数が増えただけで、することは同じです。

1人ひとりに話しかけるように目や表情を見て進行することで、伝えたい情報がそこにいる受講者に届きます。

最近は新しい知識や言葉を扱う研修・セミナーも増えています。

そして受講者に専門的な知識を伝えるには、かみ砕いた説明をしなければなりません。コツは**「受講者がわかる身近な事例」で解説する**ことです。

たとえば、「ＲＰＡ」という言葉があります。「ＲＰＡとは、ロボティック・プロセス・オートメーションの略称です」と言われただけでは、何を言っているのかわからないでしょう。

では、「みなさん、デスクワークをしますよね？　それをロボットが代わりにやってくれるとイメージしてください。実は、それがＲＰＡです」と説明があったら、どうでしょう。わかりやすくなったと思いませんか？

ただ、どうしても専門用語やカタカナ言葉を使わざるを得ない場合も出てくるはずです。

その時は、**専門用語を「事前予告」と「後づけ説明」で挟んで説明する方法が効果的**です。

たとえば、受講者の多くが経済の専門用語「ＧＤＰ」の意味を理解しておらず、でも、話の流れの中で「ＧＤＰ」をどうしても使わざるを得ないような場合は、話に入る前に次のように伝えます。

事前予告………「経済の専門用語を使ってしまいますが、」
専門用語………「『ＧＤＰ』という言葉がありまして、」
後づけ説明………「わかりやすく一言で言えば、日本国内で生み出された〝儲け〟の合計です」

この後に、GDPのくわしい説明を続けていくのです。

人間の脳は、知らない言葉が話の途中で出てくると意識がそこに集中し、その後の話を聞けなくなってしまいます。くわしい話を始める前に、いったん受講者が知っている言葉で言い換えて、整理してあげましょう。

そうすることで、受講者の理解度を高めることができます。

専門用語やカタカナ言葉を使って難しい理論を話していると、自分が〝先生らしく〟感じられて、気持ちよくなることがあります。しかし、受講者が学んで、実践しようと思わなければ意味がありません。

専門用語、カタカナ言葉はできるだけ使わず、受講者に伝わる言葉選びを心がけましょう。

成功のポイント

一方的に話し続けるのではなく、反応を見ながら対話調にする。

08

稼げる講師は、「やってはいけないこと」を伝え、
稼げない講師は、「やったほうがいいこと」を伝える

稼げない講師の多くは「やったほうがいいこと」しか伝えません。

研修・セミナーでは、**「やったほうがいいこと」と、「やってはいけないこと」の2つを合わせて伝えるほうが親切です**。「やってはいけないこと」も言わなければ、いくらいいことを言っても逆効果になることがあるからです。

たとえば、ビジネスプレゼンテーションや文書などでわかりやすく簡潔に伝える方法として「PREP（プレップ）法」というものがあります。これは最初に結論を言って、説得力のある論理展開をする方法です。

「PREP」とは次の通りです、

・P＝Point（結論）
・R＝Reason（理由）
・E＝Example（事例、具体例）
・P＝Point（結論を繰り返す）

忙しいビジネスの場では、結論を先に求められる場合が多く、「ＰＲＥＰ法」を使って話すことが適しているといわれています。万能の方法であるように教える講師も多いようですが、実は必ずしもそうではありません。

30分以下の短い時間で話をする時は効果的ですが、それ以上の時間がかかる時は使わないほうがいいこともあります。最初に結論を言うので、あとの話が間延びしてしまい、相手の興味が薄れ、飽きられてしまう一面があるからです。

したがって、「ＰＲＥＰ法」を教える際は、「話す時間が短い時に使ってください。長くなる時は使わないほうがいいですよ」と、やってはいけないパターンを伝えることも必要なのです。

人間関係にまつわるコミュニケーションの分野において、〝絶対〟や〝万能〟の理論はありません。

たとえば、「サーバントリーダーシップは、いまの時代でいちばん良いリーダーシップです」と断言し、役所で働く人たちに向けた研修で失敗してしまった講師がいます。「サーバントリーダーシップ」は、相手に奉仕して、そのあとに相手を導くという考え方で、ボトムアップ型の新しいリーダーシップ像です。

しかし、役所は首長からの指示・命令で部下が動くトップダウン傾向が強い傾向にあります。講師が「サーバントリーダーシップ」の良さを強調しすぎたことで、受講生は、「本当にそうだろうか?」と、かえって不信感を抱いてしまったのです。

役所などの公的機関で働く人に向けて、サーバントリーダーシップの研修をする時には、「みなさんの職場はトップダウンで仕事が進むのかもしれません。とはいえ、いまの時代、トップや上司がすべて現場を把握して指示を出すのは、現実的に不可能です。トップや上司は、部下が主体的に動けるように、職場の雰囲気をつくる必要がありますよね」と言ってまず共感を求めます。

そのあとに、「そんな職場の雰囲気をつくるための、新しいリーダーシップスタイルが、サーバントリーダーシップといわれるものなのです。みなさんの職場でも、少しずつ取り入れてみませんか？」と言えばよかったでしょう。

「有効な場合」と「有効でない場合」――この2つを丁寧に説明することで、聞き手は心理的抵抗がなく話を受け入れることができ、誤用も防ぐことができます。

講師は、受講者がさまざまなケースに対応できるように、選択肢やスキルの幅を広げる〝お手伝い〟をするスタンスで話をしましょう。そうすることで受講者にとってその情報は〝使える〟そして、意味あるものになっていくのです。

成功のポイント

どんなに役に立つ理論も「絶対」は存在しない。

09

稼げる講師は、研修・セミナーを自らの学びの場にし、
稼げない講師は、研修・セミナーをただ教える場にする

いま、新入社員研修では、どんなコンテンツのニーズが高まっていると思いますか？基礎的なことができていない若者が多いと言われる昨今ですから、やはり、挨拶やビジネスマナーなどが人気だと思うかもしれません。

たしかにビジネスマナーに関するコンテンツは定番なのですが、現場が求めているものには、「定番」に加えて、いまの時代だからこそ必要なものもあるのです。

たとえば、ビジネスマナーでも「情報マナー（ネットリテラシー）」のニーズは、ここ数年で、とても高くなっています。

フェイスブックやツイッター、ラインなどで、モラルに反する記事を投稿して炎上させたり、会社の内部機密をばらしてしまったりする若者があとを絶ちません。

情報危機管理の観点から、情報マナーを最初に教えないと組織が大きなダメージを

受けてしまいます。

ちなみに、ビジネスメールでも、現場の人に話を聞くと意外なところにニーズがあります。

先日、ある研修担当者から聞いたのですが、「お世話になっております」という定型文に対して、「私、お世話になっていないんですけど」と質問する新入社員がいたそうです。論理的に筋が通っていないから納得できない、説明してほしい、というのです。これは講師の側からすると1つの盲点でした。まさか、「お世話になっております」と書くことの意味を教えることがニーズになっているとは、思ってもいなかったからです。

稼げる講師は、**たいていお客様と密にコミュニケーションをとっています**。対話や電話で主催者が講師に何を求めているのかを聞くことはもちろん、現場でも受講者から生きたニーズを集めています。

情報には、一次情報、二次情報があります。当事者から直接聞く一次情報が、やはりいちばん確かです。

受講者から本音を聞き、要望を汲み取ることは、ニーズのあるコンテンツを提案するのにとても役立ちます。

研修の休憩時間での受講者との雑談で、「現場では、何が課題になってるんですか?」と聞くと、ポロッと本音が出てくることがあります。

「実は、異動が多くて大変なんですよ。異動すると毎回新たに覚えないといけませんし、仕事の内容自体も変わってしまうので、何の能力を身につけたらいいのか、わからなくなることがあるんですよね、正直なところ……」

こんな話を聞けたらラッキーです。まだ顕在化していない問題で、人事や研修担当者も知らない一次情報だからです。

こういった情報をもとに人事や研修担当者に話をすると、「なぜ私たちが知らないのに、先生は知っているんですか?」と驚かれます。

「この先生はうちの会社をよくわかってくれている人だ」と評価をいただくこともあります。

稼げない講師は、研修・セミナーをただ教える場だと思っています。

教えることに終始してしまうので、いつのまにか受講者を置き去りにし、自己満足の研修・セミナーにしてしまっていることもあります。

受講者が何に悩み、迷い、困っているのかを知る（聞く）ことは、いいコンテンツをつくるためだけではありません。現場の声は、〝時代の声〟でもあります。今後、講師として自分に何ができるのか、どのように自分の情報を伝えていけばいいのか、具体的な指針をもらうことができるので、講師にとっても大きな学びになります。

時代に即し、相手が必要とする情報を踏まえたうえで話をしていけば、結果的に、伝えたいことが受講者に届くのです。

成功のポイント

受講者の声を聞いて、常にコンテンツを磨き上げよう。

10

稼げる講師は、研修・セミナー終了後にひと手間かけ、
稼げない講師は、研修・セミナー終了後に気を抜く

稼げる講師は、研修・セミナーが終わると**受講者と主催者や担当者をねぎらい、感謝の気持ちを言葉と態度で示します**。

翌日も、主催者、担当者にお礼の連絡を入れて、改めて感想をヒアリングします。できるかぎり受講者へのフォローアップも行い、研修・セミナー効果の定着に力を注ぐのです。

稼げない講師は、感謝の気持ちを言葉で表すものの、態度や行動までは示すことができていません。研修・セミナーが終われば、主催者や受講者との関係は終わると考えているからです。

中には、受講者、依頼した担当者のほうからお礼を言うべきだと思っている人もいます。ですが、依頼してくれた方がいて、受講してくれた方がいたからこそ、研修・

セミナーが成り立ったわけです。

研修・セミナーが終わったあとは、「ありがとうございました」と受講者と主催者に対してきちんとお礼を言いましょう。

受講者、主催者は、お金を払って、休日や仕事の合間など、貴重な時間を使ってあなたの話を「聞きに来てくれた」お客様です。

受講者には、

「みなさん、時間厳守で進行にご協力いただいてありがとうございました。おかげで、こちらも安心して時間通り進めることができました」

などと、謝意を伝えるといいでしょう。すると〝いい先生〟として受講者の記憶に残り、「また教えてほしい人」となるのです。

講義終了後のフォローアップ（受講者アンケートのとりまとめ、担当者アンケートの記入、学びが職場実践につながっているかどうかの「確認アンケートの実施」など）は、研修時間外の対応であり、コストと時間がかかります。そういったものを依頼する場合はなおのこと、主催者や担当者にも、きちんとお礼の気持ちを伝えておく必要があるのです。

また、1日経つと、アンケートの回収が進み、受講者からの反応や情報が集まっていることも多いので、お礼に加えて受講者の感想をうかがうことで、次につなげることができます。

たとえば、4月の新入社員研修を担当した主催者、担当者にヒアリングをして、「10月上旬にフォローアップ研修を実施する予定」という情報をもらったら、次のように話してみましょう。

「今回担当させていただいた新入社員研修は、10月上旬にもフォローアップ研修を予定されているのですね。講師のご予定は、もうお決まりですか？　もし、確定していらっしゃらなければ、今回、担当させていただいた研修の反応やアンケートの声を踏まえた内容で実施が可能です。4月の研修と同じ講師が続けて担当することで受講者の成長度合いや課題が把握しやすいかと思いますが、いかがでしょうか？」

このように、次の研修の営業もできれば万全です。

知り合いの人気のベテラン講師Aさんは、研修終了後、筆でお礼の手紙を書いて主催者や研修担当者に送っています。メールや電話でお礼を受けることはあっても、直筆で心がこもった内容の手紙を受け取るのは珍しいでしょう。手紙を受け取った相手は感動し、たちまちAさんのファンになってくれるといいます。

研修が終わったあとは、次の始まり。そんな意識で、何かひと手間かけましょう。「終わりよければすべてよし」とよく言いますが、いい印象のまま終われば、「また来年もあの先生に頼もう」という話になり、お客様から信頼されることで、パイプを太くしていくことができるのです。

稼げる講師になるには、ほかの講師がやらないことをしていきましょう。

成功のポイント

終わり方がよければ、リピートされる講師になることができる。

COLUMN

受講者の心に残る研修・セミナーをするために

講師は、研修・セミナーの最中だけでなく、その前後にも気を配る必要があります。研修直前から研修終了後まで講師が気をつけること、場の流れをつくり受講者の心に響く進行をするポイントをまとめました。

あくまで、研修講師を主な仕事とする私が実践してうまくいったものですが、個人のお客様相手のセミナーでも使えるものがあると思います。参考にしてみてください。

研修前……受講者などの様子をさりげなく観察する

・事前に、担当者から受講者について、年齢・男女比・役職・受講動機などの情報を収集する

・当日は、会場近辺の環境、会場入りした時の場の雰囲気、担当者の様子などを観察する

・受講者が会場入りする時の表情、挨拶、雰囲気（服装含む）などを観察する
・開始前の受講者の様子を観察する
・開始時の担当者の挨拶の様子を観察する
・開始時の受講者の表情や態度、挨拶の声などを観察する

研修中……受講者の心をつかむ

・アイスブレイクをする
・今日の研修で学ぶ内容と、講師の体験談（失敗）や受講者の関心事をからめて説明し目的を理解してもらったら、ペーシングでラポールをつくり、受講者の心をつかむ
・リーディングで研修・セミナー内容の説明に移る

※ペーシング……話し方、相手の状態、呼吸などを受講者と合わせ、ラポールを構築すること。
※リーディング……言語、非言語で相手に変化を引き起こす働きかけをすること。

研修の進め方は、状況によって異なります。受講者の様子を観察しながら、臨機応変に進めていきましょう。気をつけてほしいことも記載していますので、参考にしてください。

受講者全体の雰囲気がいい場合

・アップテンポな進行をする
・受講者により多く話をしてもらったり、行動してもらったり、受講者の主体性を最大限活かして、会場全体の熱量を上げていく

受講者全体の雰囲気が重い場合

・受講者の表情や態度を観察する
・「研修を受ける意味」について、冒頭部分で話し合ってもらう時間を設ける
・グループワーク時の各受講者の発表内容を注意深く聞いて、いまの心理状態などを探る
・双方向コミュニケーションになるように、受講者への質問を増やし、具体例を多めに取り入れて話す
・気になる受講者には、声をかけて個別にコミュニケーションをとる
・タイミングを見て、グループチェンジをする

嫌々参加している人が見受けられる場合

・冒頭部分で、受講者同士で意見交換してもらうなど、ガス抜きの場を与える
・最初の休憩時に、嫌々参加している受講者の名前を呼んで声をかけ、軽い雑談をする
・嫌々参加している人の隣の人の発表機会を増やし、全体の視線が集まるようにする
・嫌々参加している人たちが同一グループに偏らないように、グループチェンジする

講師として絶対してはいけないこと

・政治、宗教、人種などについて個人的な意見を述べること
・時間に遅れる、事前準備を怠る、身だしなみの乱れ
・受講者や担当者、第三者に対する誹謗中傷するような発言、暴言
・投げやりな態度、バカにした態度、無視するような態度
・思い込みによる批判、ライバルの悪口
・できもしない約束を軽はずみにすること

研修終了後

・受講者と担当者にお礼を言う
・翌日、フォローを兼ねて担当者にお礼を伝えるとともに、感想などをうかがう
・研修の振り返りをまとめて次回に活かす（「研修の振り返りシート」の記入例を１８３ページに掲載しているので、参考にしてください）

人前で話をして、人にいい影響を与えるために大切なのは、いかに事前準備に時間と思いを込められるかです。なぜなら、そのような目に見えないことを大切にする気持ちが、内容を超えて聞き手に伝わる〝響くもの〟になるからです。

そして、その入念に行った準備に必要以上にとらわれずに、担当者、受講者、会場内のその時の雰囲気に合わせて、時には、大胆に変えて進行ができる、そんなレベルで人前に立ちたいものです。

講師の仕事は、人に影響を与えながら自分が成長できるものです。そんな恵まれた幸せな仕事だからこそ、単なるスキルを教えるだけでなく、言行一致で、人間力でも受講者を魅了しましょう。

研修の振り返りシート（記入例）

研修先	株式会社 ABC	実施日・講座名	9月9日 ～ 9月10日 新任課長のためのマネジメント

1 カリキュラム・教材について　※ボリューム、バランス、時間配分など

今回は新規クライアントで、さらにカリキュラムもカスタマイズした内容であったため、30分程度ゆとりをもたせておいた。それが功を奏し、ほぼイメージどおりに進行することができた。

実質７時間の１日研修であれば、今回くらいのボリューム感が良いと思われる。

今後、より研修効果を上げる内容にするためには、受講者がメモを取る時間を短くすることが必要と感じた。次回は、あらかじめレジュメに必要なことを入れておくことで対応する。

2 受講者について　※受講意欲・態度、雰囲気など

総じて、受講者は真面目で前向き、時間厳守でかつサポーティブな姿勢で受講していただいた。そのおかげで、実習時の各自の発表は、深い気づきが多かったように思う。階層別研修で、ここまで受講者全体の意欲の高さが感じられるのはすばらしいと感じた。欲を言えば、受講者全体の場でもう少し積極的に質問や発表があると、一層活気づいた研修になったように思えた。

3 自分自身について

新規クライアント、しかも扱う研修テーマもはじめてのものだったので、いつも以上に段取り、事前準備は入念に行った。特に、事例の使い方については、“ネタ帳”から自分の実体験、特に失敗談、もがいた経験から得たものを取り入れた。その結果、受講者の興味や関心を引き、共感を呼ぶことができたように感じた。やはり、実体験を語る時は、その時の自分に戻った感覚を持ち、リアルな“感情”を言語、非言語問わず伝えることが重要だと感じた。今回の研修テーマは、受講者だけでなく自分にとってもハードルが高いものであったが、研修後は成長した実感があり、自信につながるものとなった。

4 次回、同じ内容の研修を担当する時、より良くするにはどうするか

アイスブレイクは身体を使うものを取り入れ、序盤からもっとリラックスして話せる雰囲気をつくれるよう努めたいと思う。実習ごとの振り返りシートは1枚に集約することで、研修終了時にすべての欄が記入された状態にし、受講者に達成感を味わっていただけるようにしたいと思う。また、関連する業界情報にもアンテナを張って準備し、ネタの鮮度は日頃から保っておきたいと思う。

■ 自由記入欄 ■　※気づいたことなど

今回は、階層別研修にもかかわらず、受講者のモチベーションが全体的に高かった。これは、研修ご担当者の〇〇様らが、研修効果の向上を念頭に置き、事前準備をされていたことが大きかったのではないかと思う。今後も必要に応じて研修効果の向上には、講師の力だけでは十分ではないことや、ご担当者や受講者の職場上司のご協力も必要であることを発信していく必要性を再認識した。

研修の振り返りシート（記入用）

※コピーしてお使いください

研修先		実施日・講座名	

1 カリキュラム・教材について ※ボリューム、バランス、時間配分など

2 受講者について ※受講意欲・態度、雰囲気など

3 自分自身について

4 次回、同じ内容の研修を担当する時、より良くするにはどうするか

■ 自由記入欄 ■ ※気づいたことなど

第5章

ずっと必要とされる講師であるためにしていること

01

稼げる講師は、**居心地の悪い環境にも身を置き、**
稼げない講師は、**居心地のいい環境に居座る**

「人間は考える葦《あし》である」

これは、哲学者パスカルの言葉で、人間が単なる自然の産物ではなく、思考することのできる生き物であることを称えたものです。

しかし、思考は時に、私たちを小さな世界に立ち止まらせます。人は、自分の思考の中で世界を推し量り、自分が慣れ親しんだネットワークやコミュニティ、居心地がいい環境に身を置きたがる性質を持っているからです。そこから得られる情報だけで満足して生きていこうとします。

講師の仕事でも、お得意様からの依頼に対して、前回とほとんど同じようなテーマや進行で、同じようなつかみのネタを使えば、もちろん楽でしょう。

しかし、それでは講師として稼ぐことはできません。

稼げる講師は、**常に新たな世界、分野に手足を伸ばし続けています**。これまで接してこなかったネットワークやコミュニティにも積極的に参加し、知らないことや新しいこと、ツールに触れ、日々自分を成長させ、講師としての価値を上げているのです。

この本を書く1年ほど前に、私はＡＩについて少し勉強しました。

私がＡＩの勉強をしようと考えたのは、ＡＩの分野を専門にして教えるためではなく、研修内容に幅と深みを出し、受講者にきちんと伝えるためです。

いまや、ＡＩの分野は、企業も注目し、最先端のテクノロジーを導入し始めています。情報に少しでも触れておけば、研修やセミナー中にプラスアルファ、付加価値のある情報を発信できるようになります。

とはいえ、はじめは講義を受けても文系頭の私にはチンプンカンプンの世界で、何を質問するべきかさえわかりませんでした。まわりは私の知らないことを当たり前に知っている人ばかりで、かなり若い人たちがほとんどです。居心地が悪いどころか、自分が場違いな存在であることは明らかでした。

しかし、知り合いにこの分野にくわしい人は誰もいないので、疑問を持っても解決できません。勇気を出して「どんな質問をしたらいいかさえもまったくわからないんですが、どう勉強したらいいですか?」と素直に聞くところから始め、少しずつ知識を身につけていきました。

いまでは研修・セミナーを提供する場、学びを促進する手段として、インターネットを使ったさまざまなサービスも出てきています。「UMU(AIを使ったラーニングプラットフォーム)」や「マイクロラーニング(短時間の動画等の学習コンテンツを提供し、学習者がアクセスして学ぶスタイル)」など、講師として新しいトレンドを知っておくといいでしょう。

時は常に流れ、変化しています。知識の習得が終わることはありません。知らないもの、つまり〝未知なる世界〟に触れた時こそ、心や感情が動き、脳も未活性な部分が働き出します。それこそが、その人の認識する世界を拡大させ、成長させます。

講師が**居心地の悪い環境で、不慣れなことを苦労して学ぶからこそ、受講者目線を知ることができ、研修、セミナーの場で〝自ら使える知識〟となっていく**のです。

いまは、お笑いの世界から飛び出して成功している芸人の西野亮廣さん、ピッチャーとバッターの二刀流で活躍している大谷翔平選手など、枠を飛び越えた人が成功し続けているボーダレスな時代です。

既存の価値観や常識、固定観念といったものを打ち破って、新しい世界に飛び込むのは怖いかもしれません。

しかし、居心地がいい場所から飛び出すからこそ、新しい挑戦ができ、自分の可能性に気づけます。自分にとって知らない場所にどんどん飛び込んで、どんどん視野を広げていきましょう。

成功のポイント

居心地が悪い場所のほうが大きな学びがある。

02

稼げる講師は、失敗から学び続け、
稼げない講師は、失敗で悩み続ける

講師の仕事は、成功と失敗の繰り返しです。

自分の思うようにパフォーマンスが出せなかったり、いまひとつ手応えが感じられなかったりすることも当然あります。

「今日は、納得いく出来ではなかったな」と感じた時、**その状態をどうとらえ、どう行動に結びつけていくかが、稼げる講師と稼げない講師の大きな別れ道になります。**

稼げない講師は、「こんなことなら、行動（挑戦）しなければよかった」と結果だけにフォーカスして落ち込んでしまいがちです。「自分が悪い」と責めてしまうのです。「今日は、失敗したな」「ダメだったな」「あんなことを言わなければよかった」などと反省モードに入ると、ネガティブ思考の蟻地獄にはまります。できたこと、よいところもたくさんあるにもかかわらず、たった1回の失敗で頭がいっぱいになり、「自分はダメだ」と思い込んでしまうのです。

「反省することはいいことだ」と思うかもしれませんが、やりすぎると自己評価を下げます。そして、結果、自分のパフォーマンスにも自信が持てなくなります。事実以上に自分がダメな存在だと、自分に思い込ませてしまうのです。

完璧主義な人ほど自分自身に厳しく、ついダメ出しをしてしまうので注意が必要です。

稼げる講師は、**自分には「できること」と「できないこと」があるのを知っています。**そして、できなかったり、失敗したりした時は、事実をそのまま受け止め、どうすればできるようになるかを考えチャレンジし続けます。

私は講師として駆け出しの頃、足の不自由な受講者がいることに気づかず、研修冒頭のアイスブレイクで、「みんな立ち上がって、交流タイムです」と言ってしまったことがあります。受講者のみなさんが会場内を歩きまわっている姿を見ていて「しまった！」と思いました。受講者のお一人が不自由そうに歩いている姿、そして、周囲の人がその人に気を遣いながら課題に取り組む姿があったからです。

「2度とこんなミスは繰り返さない」と決め、その日のうちに研修前の確認リストに追加しました。

それからというもの、必ず開始前に主催者や担当者に「今日は、お身体が不自由な方、その他、配慮が必要な方は、参加されますか？」と確認するようになりました。

また、研修後にとるアンケートからは、さまざまな意見が出てきます。だいたい、そのうちの1人か2人はネガティブな反応があります。「ここは、こういうふうにしてほしかった」という具体的なコメントをもらうこともあります。

しかし、そうした**受講者の本音のコメントの中にこそ、講師が成長するヒントがあります**。「あー、やってしまったなあ。みんなそう思っていたのかなあ」と後ろ向きにとらえるのではなく、「こんなことを書いてくれてありがたい。次はここをよくしよう」と建設的に考えるのです。

失敗した時、いつまでも引きずるのがいちばん悪いことです。

講師は日々、さまざまな場所で、さまざまな人の前に立つのが仕事です。何かあった時は、その日のうちに終わらせることが大事です。

そのためには、いちいち反省したり落ち込んだりするのではなく、「できなかった過去は変えられない」と割り切って、「さあ、次はどうするか」と具体的解決策を見出して、リカバリーする必要があります。

その日の**失敗を招いた理由を書き出す**のも1つの手です。書き出すことで、問題点や自分自身のあり方を客観的に自己認識できます。

具体的な解決策を見つけたら、それ以上はもう何も考える必要はありません。むしろ、きれいさっぱり忘れてもいいくらいです。問題点を整理したら、あとは見つけた解決策を実行するだけだからです。落ち込んだ状況でいくら考えても、よい解決策は出てきません。これでは、前に進めずリカバリーできません。

失敗した時は、「いまはできないだけ。そして、うまくいかない方法はわかった。自分にだって、できることがある。だから次は、この経験を活かして、きっとうまくできる」と自分を認めましょう。「できない自分もいる」ことを認めたら、次は対策を考えるのです。失敗に対して寛容になればメンタルが安定し、パフォーマンスも安定します。

厳密に言えば、講師という仕事において、経験に失敗はありません。あるのはフィードバックだけです。そのフィードバック、学んだことを活かすために動き続けるほか、成長はないのです。

成功のポイント

失敗しても、「この学びを活かせば、次はうまくできる」とポジティブにとらえる。

03

稼げる講師は、自己管理を徹底し、
稼げない講師は、無理をしてでも頑張る

「ちゃんとメシ食って、風呂入って、寝てる人にはかなわない」

コピーライター糸井重里さんの名言です。

「たしかに」と感じた人も多いのではないでしょうか？

「働き方改革」に象徴されるように、長時間労働で成果を出すのはやめ、バランスのいい生活の中で、効率のいい働き方が社会に求められています。

講師は、日本全国、あるいは海外も含めて各地を飛び回る仕事ですから、どうしても生活が不規則になりがちです。だからこそ、睡眠、食事、適度な運動と休息といったバランスを意識的に整えて生活しなければ、いいパフォーマンスを出し続けるのが難しいのです。

とりわけ、睡眠不足は大敵です。

前日、夜遅くまで準備して、睡眠不足でコンディションが良くない状態のまま壇上に立っても、いいパフォーマンスが発揮できるはずはありません。どんなにいいコンテンツを用意していても台無しです。

そもそも、睡眠不足で悲壮感が漂う講師の話を聞きたくないですよね。

講師は「睡眠も仕事」と考えるべきなのです。

稼げる講師は、自分のパフォーマンスを上げるために、**睡眠の質**も大事にします。

私は、出張で前泊するホテルは、極力、以前泊まったことがあって居心地のいいホテルを選びます。アクセスも周辺環境もホテル内の施設、客室内の設備などもわかっているので、余計なことに気を遣わなくて済みます。部屋で仕事をするにも休むにも、ストレスの少ない環境を手に入れやすいからです。

さらに、常連になれば、好みの枕、必要な備品などを毎回お願いしなくても、ホテル側で準備をしてくれます。良質な睡眠をとって、軽い運動のあと、朝食をしっかりとればやる気がみなぎってきます。

稼げない講師は、睡眠に意識を向けていません。よりよい研修・セミナーにしようと、睡眠を削って準備をする人もいます。

しかし、睡眠不足だと、本番中に眠くなりがちです。受講者が実習に取り組んでいる時など、ふとした瞬間にウトウトしてしまうと「講師が寝てたぞ」と言われるだけでなく、信頼も一瞬で失ってしまいます。当然、リピートどころの話ではありません。

講師は、言行一致で〝あの人みたいになりたい〟と思われることで、説得力を感じてもらえます。講師が伝えている理想と、講師が実際にやっていること・姿が違う。そんな講師のファンになる人はいません。

仕事もプライベートも楽しんで、イキイキと毎日を過ごしている――いまは、こういう人が憧れられる時代です。

仕事は人生を充実させるために大切なものです。仕事もプライベートもあなたの一部、それぞれが別に存在しているわけではありません。**仕事の充実がプライベートに好影響をもたらし、プライベートの充実が仕事に好影響をもたらします。**

だからこそ、仕事もプライベートも楽しめる〝理想のライフスタイル〟をつくるのです。私はこの理想の状態を「ワークライフ・エンジョイメント」と言っています。仕事とプライベートを分ける時代は終わり、画一的な価値観で人の幸せを推し量る時代も、もう終わりました。

自分なりの意味ある楽しい人生、充実した日々を送っている。そんな講師がする話は、自然と人間味にあふれ、受講者も聞きたくなります。

講師は、時代を〝少しだけ先取りした存在〟でいなければなりません。

受講者が憧れる雰囲気やオーラ、ライフスタイルを持てば、講師の話に説得力が増すのです。

成功のポイント

講師は「あの人みたいになりたい」という存在であるべく日々を過ごす。

04

稼げる講師は、お金より時間を大切にし、稼げない講師は、時間よりお金を大切にする

あなたは、「お金」と「時間」、どちらが大事ですか?

もちろん、「どちらも大事」という方がほとんどでしょう。

とはいえ、講師になりたてで仕事の依頼が少なかったり、経営がうまくいっていなかったりすると、どうしてもお金に意識が向きがちです。

少しでもコストを減らそうと、経理から決算、確定申告、名刺のデザインやホームページ作成などをすべて自分でやろうと手を出し、ますます集中すべきことに使う時間を失う人が少なくありません。

心当たりのある方もいるのではないでしょうか?

稼げない講師は、なんでもかんでも自分でやろうとし、目の前のことをこなすだけで精一杯になります。その結果、営業活動やコンテンツの作成、自己研鑽、新しい情

報の入手など、将来のために使える時間がなくなるのです。この状態が数ヶ月程度であれば問題ありませんが、それ以上長く続くと、翌年以降の準備ができなくなるので、どっとしわ寄せがきます。

少し長い目で見ると、「自分ですべてやる」のはマイナスに働きがちです。お金のために、自分の時間を削っていることになるからです。

お金はお金、時間は時間と分けて考え、時間が持つ価値を低く見積もり、浪費してしまうのです。

稼げる講師は、お金も大切にしますが、**時間の価値をさらに高いものと認識しています**。

限られた時間をどうやって使えば、いまより大きな成果を生み出せるのかを考えて動いているのです。時には、時間をお金で買っています。**アウトソーシング（外部委託）**するのです。自分でする場合と比べ、7割程度のパフォーマンスが出るなら、任せてしまいましょう。

たとえば、弊社のホームページのシステム管理は外注です。適宜、システムが更新されますし、ＳＥＯ対策やセキュリティに関する情報なども随時提供してもらえるので、自社で専門的な技術を学ばなくても問題なく運用できます。

また、ホームページはスタッフが更新するので、私は指示を出すだけでいい状態になっており助かっています。

いまや日常の事務的なこと、登録講師とのやりとりなどの多くをスタッフに任せているので、私は依頼いただいた研修をどうやりうまくやり遂げるか、そして、これから先のことを考えて行動することに時間を使っています。

ただし、「自分にしかできないことは、絶対に自分でやる」ことは忘れないでください。

私は、数年前からその時必要と感じた分野にコーチをつけて、定期的にコーチングをしてもらっています。１人で考えていてもなかなか解決策が出てこない時に、人に聞いてもらうことで考えが整理され、すぐに解決策が出てくることがあるからです。

1人であれこれ悩んでいても、いたずらに時間を費やしますし、悩む時間が長くなると精神衛生上もよくありません。

悩む時間が長くなるのであれば、専門家の力を借りたほうがいいのです。

稼げる講師は、短期的には目の前の仕事の成果を上げること、そして、中長期的には、将来の仕事の準備やスキルを磨くことの両方を大切にしています。

時間を有効に使い講師としてレベルアップすれば、投資したお金は将来的に大きなリターンとなって、あなたに返ってくるはずです。

成功のポイント

自分にしかできないことをやる時間はしっかり確保する。

05
稼げる講師は、「掛け算」で強みをつくり、稼げない講師は、「足し算」で強みをつくる

特別にずば抜けた能力がなくても、自分の強みを複数掛け合わせることで、あなたでなくてはならない強みができます。「総合力」が売りになるというわけです。名前を出すだけで人が集まるような超一流の有名講師を除いて、稼ぎ続けている講師は、総合力で勝負している人が多いように感じます。

自分の強みを組み合わせて成功している人に、元プロ野球選手の桑田真澄氏がいます。彼は、プロ野球選手として、どれか1つ突き抜けた才能があったわけではありません。

それにもかかわらず、引退してから十年以上たった今も、名選手として名前があがるほどの〝超一流〟の野球選手になったのです。

彼が何で勝負していたかというと、野球選手としての総合力です。投げて、守って、打って、走る。そして、彼自身の考え方。それら**1つひとつを「掛け算」した総合力**で、超一流のプロ野球選手になれたのです。

私も、超一流のものは何も持っていません。

もともと人見知りで、勉強もスポーツもまあまあで、群を抜いて話が面白かったわけでもありません。ごく普通の人間です。

新卒で入社した旅行会社では、営業の仕事をしていたので、営業職としてキャリアを深めていく「足し算」スタイルの働き方もできました。1つの道を極めてエキスパートになれば、存在価値も高くなります。

しかし、もし、自分の経験の中で強みが1つしかなければ、その分野で突き抜けていかない限り、その他大勢の中に埋もれてしまうということでもあります。

いまのような変化が激しい時代は、1つのことである程度キャリアを積み上げたら、他の分野、領域でキャリアを積む。講師としても、**キャリアや強みの掛け合わせで「希**

少性」を生み出していくほうがいいでしょう。

仮に、ずば抜けた状態をレベル5として、Aさんがレベル4くらいの得意技を3つ持っていたら、4×4×4の「64」になります。

一方で、Bさんがレベル5の得意技を1つ持っていても、ほかの2つの技がレベル1と2なら、結果として5×1×2と合計数字は「10」となります。つまり、Aさんの「64」には、かなわないのです。

「自分には特別なものがない」と悲観する必要はありません。すば抜けた才能がある人は、意外と少ないものです。自分のちょっとした良さを掛け合わせることで、自分で思っているよりもずっと大きな力を発揮できるのです。また、魅力的なキャラクターを構築することもできます。

ストレングスファインダー®という、アメリカのギャラップ社が開発したオンラインの才能診断ツールがあります。ウェブ上で177個の質問に答えることで、自分の強みを上から順番に導き出してくれるものです（私は、この才能診断ツールを使ってコーチングができる認定資格を取得しています）。

このツールによると、私の1番の強みは「自我」。これは、自我が強いという意味ではなく、「ビジョンが描ける」という意味です。

2番目は「規律性」。決まったことを着実に実行できる才能です。

3番目は、「活発性」。人とうまくかかわることのできる力です。

そして、「責任感」「コミュニケーション」と続きます。

大きなビジョンを描き、営業や人付き合いでコミュニケーション力を発揮し、経営者として責任感を持ちながら、コツコツ経験を積み重ねていく。

こうした自分の強みを掛け合わせて、いまのように仕事ができているのです。

実力や箔をつけるために資格をたくさん取っていっても、それが有機的に組み合わさり、仕事の中で効果を発揮できなければ意味がありません。単純な積み上げだけでは自分らしさや、創造性が出てこないのです。

また、自分の強みが見えていなければ、資格を活かして成果に結びつけることは難しいでしょう。

人は、自分の強みを組み合わせていく中で、魅力的で、個性的な存在になっていくことができるのです。

成功のポイント

自分の強みを掛け合わせることで、魅力が高まる。

06

稼げる講師は、スキマ時間はインプットに努め、
稼げない講師は、スキマ時間をオフにあてる

講師の仕事は、お客様の会社、もしくは会場に出向いて行うため、移動が多くなります。

私は、数年にわたって年間２００日、研修で全国を移動しています。

東京から北海道に移動して仕事をし、終わった後、そのまま東京へは戻らずに九州や四国、関西に行くなんてことも少なくありません。

移動で新幹線や飛行機に乗った時、あたりを見回すと、寝たり、ビールを飲んだり、スマホをいじったり、完全にオフモードになっている人を多く見かけます。もちろん、私も疲れがたまった時は寝ますし、休みます。それ自体を否定はしません。

しかし、もし、それが習慣になっているとしたらどうでしょう？　もったいないと思いませんか？

移動時間が１日２時間あるとします。１ヶ月に平均20日間働くとしたら、移動時間だけで年間４８０時間にもなるのです。

稼げる講師は、**スキマ時間をうまくインプットに費やしています**。

日々、受講者にアウトプットし続ける講師にとって、移動時間は絶好の学びの時間です。積極的に活用しましょう。

中国の言い伝えで「三上《さんじょう》」というものがあります。文章を考える際には、馬上、枕上《ちんじょう》、厠上《しじょう》がもっとも適しているという意味です。

馬上は移動中、枕上はベッドで寝る間際、厠上はトイレの最中ですね。**日常の中にこそ、普段、思い浮かばないようなひらめきが生まれるのです**。

私は、移動中はインプットとシミュレーションを行い、目的地に近づいたら風景を眺めるようにしています。何度か訪れたことのある土地でも、行くたびに様相は変わります。風景を眺めながらネタを探し、「明日はこういう入り方をしよう」と最終シミュレーションをします。研修のオープニングで使うためです。

たとえば、仙台で研修がある時は、東京駅を出発したら仙台駅到着時間15分前にタイマーをセットし、その後しばらく関連資料や書籍に目を通し、一通りシミュレーションをします。

そこからは風景を眺めながら、その土地の風土を感じます。時間が限られているからこそ集中力が高まり、窓の外を眺めているだけでさまざまな気づきがあります。

研修のオープニングでその土地の話をすると、受講者も講師が地元のことに興味を持ってくれていると感じ、少し距離感が縮まる感じがするのです。

ただし、スキマ時間でできることには限界があります。ある程度まとまった時間が確保できる移動の時には、できるだけ読書したり、オーディオマガジンで著名な方の話を聞いたりして、質の高い情報を集中して取り入れることをオススメします。

成功のポイント

移動中は、普段は思いつかないアイデアがひらめくチャンス。

07

稼げる講師は、トラブルが起きたら自分の役割を飛び越え、稼げない講師は、トラブルが起きたら自分の役割に徹する

突拍子もないトラブルが起きた時こそ、講師の力量が問われます。

想定外の事態やクレームに対して即座に行動できるかどうかで、できる講師かできない講師か、受講者はひと目で見抜いてしまうのです。

数年前、私は九州の某自治体で講演を頼まれました。会場は、数百人も入ることができるような大きなホールで、地元の人なら誰でも参加できるというもので、若い方から高齢の方まで参加してくださいました。

話し始めて1時間をちょっと過ぎた頃でしょうか。

「そろそろトイレ休憩でも入れようかな」と思っていた矢先に、受講者の席からうめき声がして、バタッと何かが倒れる音がしました。あわてて壇上から見渡すと、高齢

の方が倒れているのに気づきました。てんかんの発作のようで、スタッフたちがあわててその方のもとに向かったり、救急車を呼んだりと対応に追われています。

突然の中断に事情がわからない人たちがザワザワしだし、会場が異様な雰囲気になっていきました。本来なら、主催者や事務局の人が「みなさん安心してください」とアナウンスするところですが、全員で倒れている人のところへ行ってしまい、会場全体に対応する人がいません。

そこで、壇上でマイクを手にしていた私は、会場に向けて次のようにアナウンスしました。

「気分が悪くなって倒れた方がいるようです。いま、救急車を呼んでいます。みなさん、その場で静かにお待ちください。状況についてまたご連絡します」

すると、会場の空気が落ち着いていきました。まもなく救急車がやって来て、倒れた方を病院に運んでいかれたので、そのまま、休憩となりました。

私が壇上で資料を整理していると、前のほうの席に座っていた数名の受講者の方々が、私のところにやって来ました。何だろう？　と思っていたら、

「本来、事務局がアナウンスすべきところを、ありがとうございます。先生が機転を利かせてくださったので大騒ぎにならずにすみました」

とおっしゃってくださったのです。

講師の役割、事務局・主催者の役割はそれぞれ違いますが、目的・想いは一緒です。この場、時間を参加者にとっていいものにする。そのためには、役割を超えた動きもする。「自分は講師だ」という思いとともに、「この場のスタッフと目的を共有する一員だ」という意識を持っておくことも大切です。

講師の仕事を、「与えられた時間内で話をする仕事」と考えているのか、「会場にいるすべての人を喜ばせるために話す仕事」と考えているのかで、受講者、聞き手に伝わるものが変わります。

稼げる講師は、**役割を超えた視点で講師の仕事の意義をとらえ、行動します**。トラブルが起きた時は、講師としての仕事の役割を超えて〝1人の人として〟できることをしましょう。

稼げない講師は、トラブルが起きた時にあたふたして、「これは講師の仕事ではなく、主催者・事務局の仕事だから邪魔をしてはいけない」と、様子を見ているだけで行動に移すことができません。〝人にモノを教えること〟だけが講師の仕事だと思っているので、臨機応変にその場の状況に応じた判断できないのです。

そのため、その場をコントロールすることができず、受講者たちを導くことができません。

講師である前に、私たちは1人の人間です——この〝当たり前〟のことをつい忘れてしまいがちです。

東日本大震災の時、ディズニーランドとディズニーシーのキャストたちがゲストに取った行動は、まさにそれでした。

当日は7万人のゲストが来場しており、2万人が帰宅できずに園内で一夜を明かしました。この時、キャストたちは、自分たちの判断で売り物のぬいぐるみを配ったり、普段ゲストには見せてはいけない（夢の国ですから）段ボールを寒さをしのぐために配ったり、販売しているお菓子を配ったりしてゲストを守ったのです。

「ゲストの安全を第一に考える」ディズニーの哲学が浸透していた結果ですが、彼らは1人の人間として何をするべきかをその場で判断し、それぞれに被災者を助けたのです。

この時、助けられた人々やこのエピソードに感動したお客様が、根強いリピーターになっていることは言うまでもありません。

成功のポイント

トラブルの時こそ、講師の役割を超えて、1人の人間として対応する。

08

稼げる講師は、**興味を持ったらすぐ行動し、**
稼げない講師は、**よく考えてから行動する**

人は、基本的に「直感・行動型」と「思考・分析型」の2つのタイプに分かれます。
面白そうな映画を見つけたら、すぐに観に行くのが**「直感・行動型」**、その場ではタイトルをメモして、レビューや評価をチェックしたうえで観に行くのかどうか決めるのが**「思考・分析型」**です。

稼げる講師の多くは、「直感・行動型」です。
世の中の変化に敏感で、目の前で起きていることから肯定的意図を受け取ります。
そして自分が「やりたい」や「やるべき」と感じたら　すぐに行動に移しています。

一方、稼げない講師は、考えあぐねている間に多くのチャンスを逃してしまいます。
ある時、知人のAさんと「このセミナー、面白そうだね」と話し、私はその場で参加を申し込み、Aさんは「あとで申し込んでおくよ」と言いました。当然、Aさんも参加すると思っていたのですが、当日、セミナー会場に彼の姿はありませんでした。

セミナーの内容がすばらしかったので、後日、Aさんにそのことを伝えると、「行けばよかった」と、がっかりしていました。

どうやら、「もっと大事なほかの予定が入るかもしれない」と迷っているうちに、このセミナーが満席になり、申し込めなかったようです。Aさんはいつもこんな調子でタイミングを逃し、チャンスをふいにしては後悔しているのです。

いまは、ネットやSNSに無数の情報があふれている時代です。

いい情報があとから出てくることもあるので、すぐに決めないほうがいいのでは？と思う人もいるでしょう。

ですが、いろんな情報に触れているうちに、以前手に入れた情報の意味や内容を忘れてしまい、結局どれも役に立っていない。こうなっていませんか？

新しい情報やチャンスをモノにするには、**スピード感をもって意思決定し、行動に**

すぐ移すことが重要です。

日頃からすばやく決めて、すばやく動く習慣をつけておけば、研修・セミナーの場でも、臨機応変な対応ができるようになります。

たとえば、休憩時間に受講者から質問を受けたとします。「いい質問だな」と思ったら、「いまの質問、すごくいい質問なので、このあとほかの受講者の前でお話ししていいですか？」と確認します。講義を再開したら「実は、休み時間にこういう質問がありました。とてもいい質問だと思うので、みなさんと共有したいと思います」と話すのです。

研修の時でも、気づいてすぐ行動に移すことで、**場に活力、躍動感が生まれる**ものです。

長倉顕太さんの『移動力』（すばる舎）という本に、「人は動いた先で、いろいろな人に出会ってエネルギーをもらってくる」といったフレーズがあります。動くことでどんどんエネルギーが出てきて、人とつながって刺激を受ける。まさに、経営者や起業家、フリーランスで仕事をしている人にとって、大切なことです。人は動くことで誰かと出会い、エネルギーを得て、自分を開放することができます。

私は最近、ネットを使ったB to Cビジネスを始めました。これまでB to Bビジネスを主戦場としてきた私にとって、今回の新規事業の立ち上げは、たくさんの気づきがありました。親子ほど年齢が離れた世代の人と接して、これまで見えなかった世界が見え、これからの時代を知るために、とてもいい刺激になりました。

動いたら動いたぶんだけ得るものがある――だとしたら、動いたほうがいいに決まっています。

どんどん動いていろんな人からエネルギーをもらい、研修・セミナーをもっと面白いものにしていきましょう。

成功のポイント

即行動に移すことで、さまざまな情報や人と出会える。

COLUMN

キャリアの棚卸しチャートの書き方

ここでは、キャリアの棚卸しチャート（28ページ）の書き方を紹介します。
記入例は223ページ、記入用のチャートは225ページに掲載しています。

① いちばん上の行の「年齢」と「時期」に数字を記入します。人によって社会人としてのスタート時期が異なりますので、社会人になってからこれまでの期間は、年数を5年ごとにするなど、等間隔に分けて記入していただくといいでしょう。上の欄から下の欄へ向かって記入していただくと、書き進めやすいはずです。

② 「人生の満足度（充実度）」については、線で描きます。ポイントは、自分の記憶と直感にしたがって素直に記入することです。

③ ①と②で記入した「年齢」「時期」「人生の満足度（充実度）」をもとに、「主な思い出・出来事」の欄にその時々に起きたことを記入してください。自分自身のこと、家族のこと、社会情勢など、ジャンルは問いません。うれしかったこと、

楽しかったこと、悲しかったこと、悔しかったこと、強く印象に残っていることを自由に書き込んでください。

④ ③と同様に、①と②に記入した内容を参考に、「影響を受けたこと・人・本など」を記入してください。ポイントは、プラスの影響だけでなく、マイナスの影響も含めて書くことです。

⑤ ①〜④で記入した内容を参考に、成功体験をレベルを問わず記入してください。成功の要因が自分か、他人や環境によるものかは問いません。

⑥ ①〜⑤で記入した内容を参考に、失敗体験をレベルを問わず記入してください。失敗の原因が自分か、他人や環境によるものかは問いません。

このシートは、1回記入したら終わりではなく、定期的に見直しましょう。講師としての方向性に迷ったり、悩んだりした時、もっと自分について知りたくなった時などには、その都度書き換えましょう。何度も繰り返しているうちに、思い出すことがあります。

氏名：　五十嵐康雄

26～30	31～35	36～40	40～50
社会人	社会人	社会人	社会人

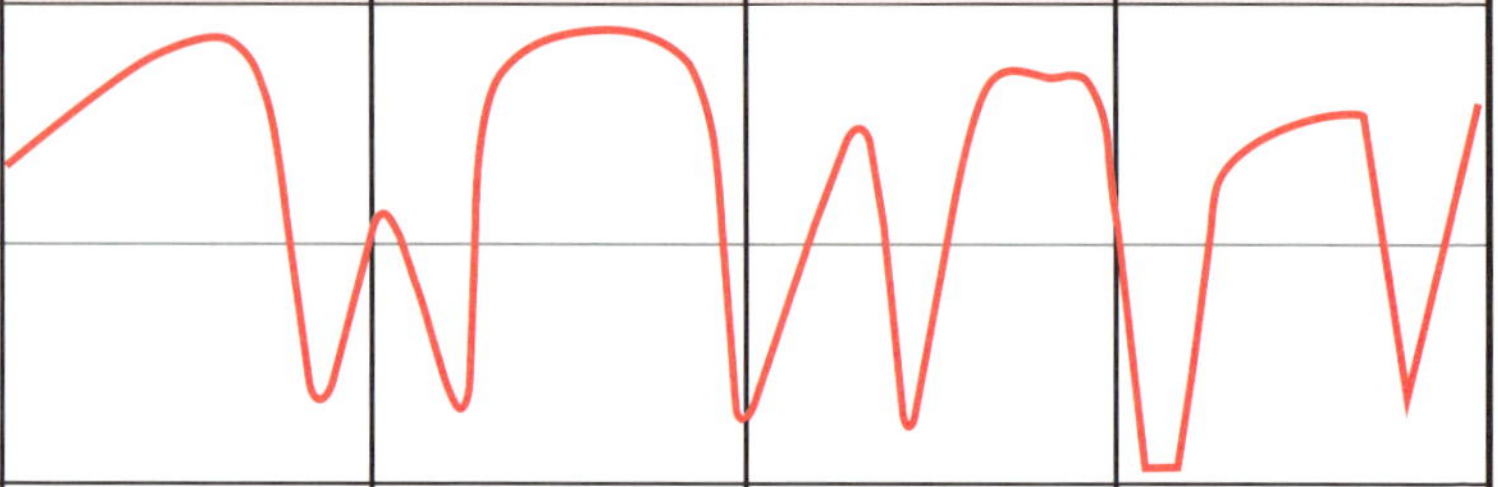

・初めての海外１人添乗業務 ・新入社員のOJTを経験 ・さまざまなツアーの企画 ・母の入院 ・妹の結婚 ・地下鉄サリン事件	・司法書士試験を受験 ・初めての転職 ・2度目の転職 ・慣れない仕事で終電で帰る日々 ・インターネット、PCが普及し始める ・第1子誕生	・4社目で新規事業を立ち上げ ・渋谷のSOHOオフィスで独立・開業 ・パート採用 ・父が仕事を引退 ・転居 ・起業1年目、365日働く	・父の死 ・妹が出産 ・事務所移転 ・正社員採用 ・急性腹膜炎で緊急入院 ・創業10周年記念イベント
・上司のO係長 ・野茂、イチローのメジャーリーグ挑戦 ・独立・起業セミナーへの参加 ・友人の結婚ラッシュ ・カリスマ研修講師のT先生 ・取引先のI社長、K社長 ・『7つの習慣』(書籍) ・『小さいことにくよくよするな！』(書籍) ・イチロー史上初の200本安打 ・『踊る大捜査線』(テレビ)	・三浦知良ワールドカップ出場できず ・転職先の企業文化、同僚 ・大手通信企業会長、社長へのプレゼン ・『道をひらく』(書籍) ・グループウェアを使っての仕事 ・ユーロ誕生 ・日韓W杯(サッカー) ・異業種交流会 ・転職サイト、紹介会社	・父の脱サラ、経営ストーリー ・同業のA社長、Sさん ・4社目のN社長 ・『生き方』(書籍) ・『ビジョナリー・カンパニー』(書籍) ・『夢に日付を！』(書籍) ・水泳マスターズ大会へ出場 ・叔父の起業、経営ストーリー ・ライブドア事件	・母から聞いた松下幸之助さんとの仕事話 ・財閥系企業会長から薫陶を受ける ・公務の民間委託化 ・同業のF社長、H社長 ・コンサルタントのIさん ・東日本大震災、熊本地震 ・仮想通貨ビットコイン ・『運命を創る』(書籍) ・『成功の実現』(書籍)
・後輩から慕われる ・営業予算を達成し続け、新規顧客獲得で表彰され、一目置かれる存在に ・結婚 ・ファッション雑誌の取材を受ける ・既存顧客から多くの紹介を得る	・営業の仕組みを構築 ・3社目、トップセールスマンに ・3社目、営業部長に昇進 ・異業種から引き抜きの誘い多し ・引き抜きで4社目の会社に入社	・4社目の業績向上に大きく貢献 ・念願の独立・起業 ・取引先のAさん、Sさんなどの応援 ・起業1年目から黒字決算 ・新規顧客獲得が順調で業績向上 ・増収増益が続く	・13期目でのべ受講者7万名突破 ・自身のリピート率9割超え ・年間200日研修を複数年継続 ・海外での講師デビュー ・ほしかった腕時計を購入 ・出版デビュー ・タイムマネジメント力の向上
・接待、付き合い飲食が多く、太る ・母の入院中、あまり見舞いに行けず、寂しい思いをさせる ・深酒で遅刻し、上司に迷惑をかける ・結婚を迫られるも煮え切らない態度でフラれる	・司法書士試験不合格 ・2社目、社風に馴染めず、苦しむ ・3社目、社内派閥争いに巻き込まれる ・上司に成果を横取りされる ・女性だけの営業チームのマネジメントに苦労し、円形脱毛症	・4社目の新規事業立ち上げ時に、部下が複数名同時に退職 ・4社目の社長から暗にクビの宣告 ・初めて登壇した登録講師が顧客からクレームを受ける ・多忙な日々で家庭が不安定になる	・父の死に立ち会えず(出張中) ・移動しながらのマネジメント、情報のインプットに苦労し、疲労がたまる ・研修日程のダブルブッキングにより、お客様に迷惑をかける

キャリアの棚卸しチャート（記入例）

年齢	0～11	12～17	18～21	22～25
時期	出生～小学校	中学～高校	大学・専門学校・大学院	社会人
人生の満足度（充実度） 高 低	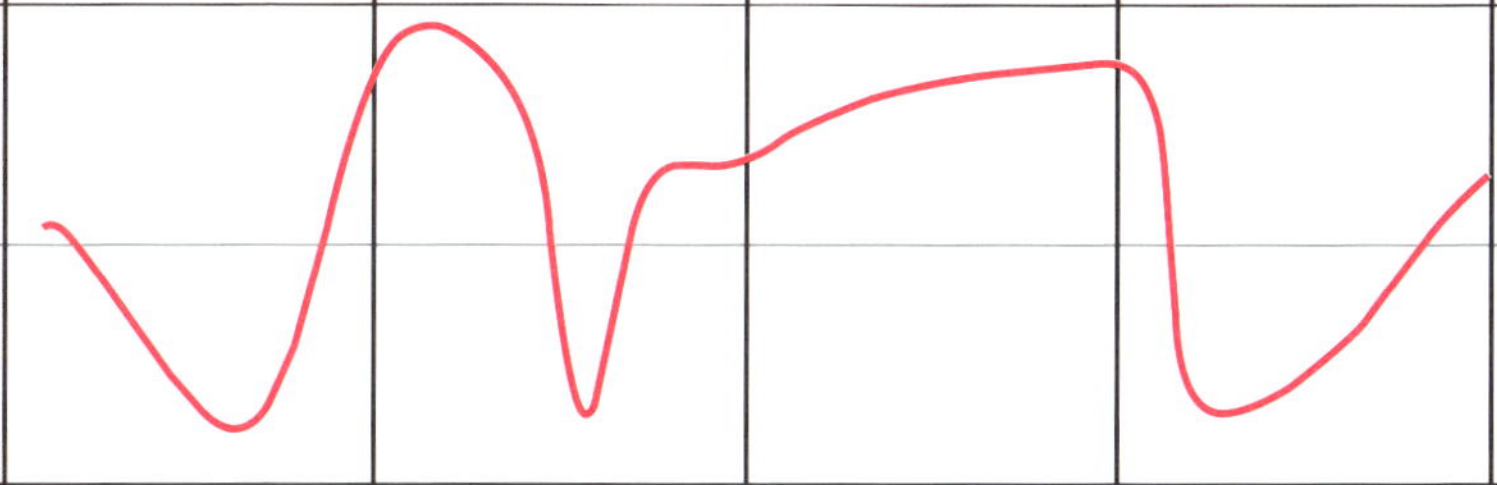			
主な思い出・出来事	・妹の誕生 ・公園の滑り台から落下して入院 ・幼稚園入園 ・父が設計事務所を開業 ・小学校入学 ・引越し・転校2回	・中学校で野球部に入部 ・高校は進学校に入学 ・高校の野球部を1年で退部 ・ダイアナ妃結婚 ・東京ディズニーランド開園 ・運転免許の取得	・大学入学（2年間1人暮らし） ・小型船舶4級免許の取得 ・海外旅行初体験 ・仲間とサークルを立ち上げ ・アルバイト（営業、飲食店など） ・湾岸戦争	・一部上場の会社に入社 ・池袋支店に配属 ・研修旅行でヨーロッパに ・初めて友人の結婚式に出席 ・東西ドイツ統一 ・自宅の引っ越し
影響を受けたこと・人・本など	・両親 ・ピンクレディー ・初恋のIさん ・リンカーンの伝記 ・王選手756号で世界新記録 ・『ロッキー』（映画） ・『3年B組金八先生』（テレビ） ・『キャプテン』（漫画） ・ドリフターズ、ひょうきん族	・進研ゼミ ・中高野球部の仲間 ・初デート、交換日記相手のSさん ・友人H君、K君 ・『窓ぎわのトットちゃん』（書籍） ・『プロ野球を10倍楽しく見る方法』（書籍） ・『あぶない刑事』（テレビ） ・とんねるず、おニャン子クラブ ・ディスコ初体験	・バブル経済 ・友人O君、S君、N君 ・『ふぞろいの林檎たち』（テレビ） ・サザンオールスターズ ・営業アルバイト先のS社長 『ビジネスマンの父より息子への30通の手紙』（書籍） ・海の家のアルバイト	・OJTのM先輩、F課長 ・『竜馬がゆく』（書籍） ・『臨3311に乗れ』（書籍） ・携帯電話 ・『東京ラブストーリー』（漫画・テレビ） ・交際相手のKさん ・Jリーグ開幕（読売ヴェルディ） ・『ビッグ・ウェンズデー』（映画） ・サーフィン仲間
成功体験	・小3、さるかに合戦の絵が入賞 ・小5、6と学級委員 ・小6、学校代表のこども議員に選出 ・小6、少年野球の読売新聞社杯で優秀選手として表彰 ・卒業式で答辞を読む	・中2、人気のSさんと交際 ・中3夏から3ヶ月で偏差値18向上 ・高校受験で進学校に入学 ・推薦で大学入学 ・アルバイトで初給料を手にする	・営業アルバイトでNo.1の営業成績 ・仲間とサークルを立ち上げ ・年に3～4回、海外旅行を楽しむ ・異性からよく声をかけられる ・ゼミの論文が教授から褒められる ・出遅れた就活も希望業種から内定	・パンフレット管理から段取り力と商品知識を身につける ・一般旅行業務取扱主任者合格 ・学生卒業旅行販売コンテストで申込人数営業本部No.1を獲得 ・入社3年目、希望部署へ異動
失敗体験	・幼稚園、人見知りで友人できず ・小3、転校初日にボコボコにされる ・小4、授業ボイコットで父兄から苦情 ・小4、優勝候補だったマラソン大会は前日に風邪をひいて出場できず ・小6、生徒会長選挙で落選	・中学校入学時、人見知りでなじめず ・反抗期 ・中2、生徒会役員選挙で落選 ・3者面談で希望が通らず、志望校を受験できず ・高1、先輩との確執で野球部を集団退部	・大4、同じ科目を2度も履修 ・大失恋 ・アルバイトの接客で大失敗 ・生活リズムが夜型に ・スピード違反で免停 ・青い鳥探しで就職活動に出遅れ	・配属後、仕事が覚えられず、先輩から毎日叱られる ・日々、単調な業務にやる気を失う ・カラーシャツを着続け、先輩たちから生意気なイメージを持たれる ・VIPの切符手配ミスで大クレーム

氏名：

	～	～	～	～
	社会人	社会人	社会人	社会人

キャリアの棚卸しチャート（記入用）

※コピーしてお使いください

年齢	0～11	12～17	～	～	
時期	出生～小学校	中学～高校	大学・専門学校・大学院	社会人	
人生の満足度（充実度）高↕低					
主な思い出・出来事					
影響を受けたこと・人・本など					
成功体験					
失敗体験					

おわりに

本書を手にとってくださった方の中には、すでに講師の仕事をしていて、さらに成長をしたい、稼ぎたいと思っている人もいるでしょう。

一方、講師の仕事を始めてみたものの、いまひとつ思うようにいかなくて、悩んでいる人もいるかもしれません。

あるいは、これから講師の仕事を始めてみようと思っているけれど、自分にできるか不安という人もいるでしょう。

私はよく研修の中でイソップ寓話の「石切り職人」の話をします。ドラッカーの著書でも紹介されているので、ご存じの方も多いでしょう。

ある旅人が、教会の建設現場を通りかかり、そこで働く3人の石切り職人に「何をしているんですか?」と尋ねたところ、次のように答えました。

1人目の職人：「見ればわかるだろう。石を切っているんだよ」
2人目の職人：「急いで建物を建てているんだ。今月末までに完成させるんだ」
3人目の職人：「村人たちが心待ちにしている教会をつくっているんだ」

この中で、いちばんイキイキと働いていたのは誰だと思いますか？

もうお気づきですよね。

そう、3人目の職人なのです

講師も同じです。

大切なのは、

「誰のためにやっているのか？」

「なぜ、講師の仕事をするのか？」

という問いに答えられるかどうかです。

これまで私は、多くの失敗、挫折を繰り返してきました。

それでもなぜ、講師の仕事を続けられているのか。

それは、自分はまだ成長できるはずだと信じているからです。

そして、失敗も挫折も、自分にとって必要なことだと思えるからです。

こう思いながら努力し続けることができたのは、たくさんの方の頑張る姿を見て、成長する喜びを教わり、励ましていただいたおかげなのです。


深層心理学の研究によると、私たちには、心の奥深くに眠る能力があり、そのほんの一部しか使わずに、歳をとっていくそうです。

とても、もったいない話だと思いませんか?

せっかく与えられた人生です。

仕事だけではなくプライベートも含め、人生まるごと楽しめる人を増やしていきたい。すべての人に「自分なんてこの程度」なんて思ってほしくない。

そう思って、講師の仕事を続けています。

講師は人の成長を促し、変化を与えるやりがいと誇りを持てる仕事です。

仕事にどんな思いで取り組むか。そこに大きな意味があり、その人の講師としての真の価値が生まれます。講師自身が前へ、前へと進み続ける。その姿を見せることで、コンテンツ以上の〝何か〟を伝えられるのではないかと思います。

今回この本を執筆するに至ったのは、すばらしい先輩講師方からたくさんのことを学び、私自身が試行錯誤し、失敗・成功を数々体験する中で培ったことを共有したい、お役に立ちたい。そういう思いがあったからです。


最後になりましたが、はじめての出版で不慣れな私をいつも適切に導いてくださった、あさ出版の方々。

多くを語らず自分の背中であり方を教えてくれた亡き父、人が持つ心の優しさの可能性を教え続けてくれている母。

陰ながら、いつもサポートしてくれている身内やスタッフ、すべての関係者に感謝の念を伝えます。

本書を手にとってくださったみなさま、誠にありがとうございました。
この本の印税は、恵まれない子どもたちの将来のために寄付させていただきます。

五十嵐康雄

２０１９年11月

著者紹介

五十嵐康雄（いがらし・やすお）

人づくりの講師。株式会社アイル・キャリア代表取締役。
一部上場の旅行会社、ベンチャー企業、外資系人材ビジネス会社などを経て、人づくりへの志が芽生え、独立。起業6ヶ月で官公庁、自治体、大手インフラ企業などとの取引を開始し、現在は「仕事の基本」「キャリアデザイン」を主なテーマに、連日30人、年間200日の研修を全国各地で行う人気講師として活躍中。創業からこれまでのリピート率は9割を超え、創業14年目で、受講者のべ7万人以上。2013年には海外、ベトナムでも講師デビューをはたす。国家資格キャリアコンサルタント、米国Gallup社認定ストレングスコーチ、ジョージ・ワシントン大学大学院コース修了アクションラーニングコーチ、米国NLP&コーチング研究所認定NLPマネークリニックトレーナーなどの資格を持つ。

株式会社アイル・キャリア
https://www.ill-career.co.jp/

稼《かせ》げる講師《こうし》、稼《かせ》げない講師《こうし》
どこが違《ちが》うか

〈検印省略〉

2019年　12月　21日　第　1　刷発行

著　者——五十嵐 康雄（いがらし・やすお）
発行者——佐藤 和夫
発行所——株式会社あさ出版

〒171-0022　東京都豊島区南池袋 2-9-9 第一池袋ホワイトビル 6F
電　話　03（3983）3225（販売）
　　　　03（3983）3227（編集）
F A X　03（3983）3226
U R L　http://www.asa21.com/
E-mail　info@asa21.com
振　替　00160-1-720619

印刷・製本　神谷印刷（株）

facebook　http://www.facebook.com/asapublishing
twitter　http://twitter.com/asapublishing

ISBN978-4-86667-172-7 C2034